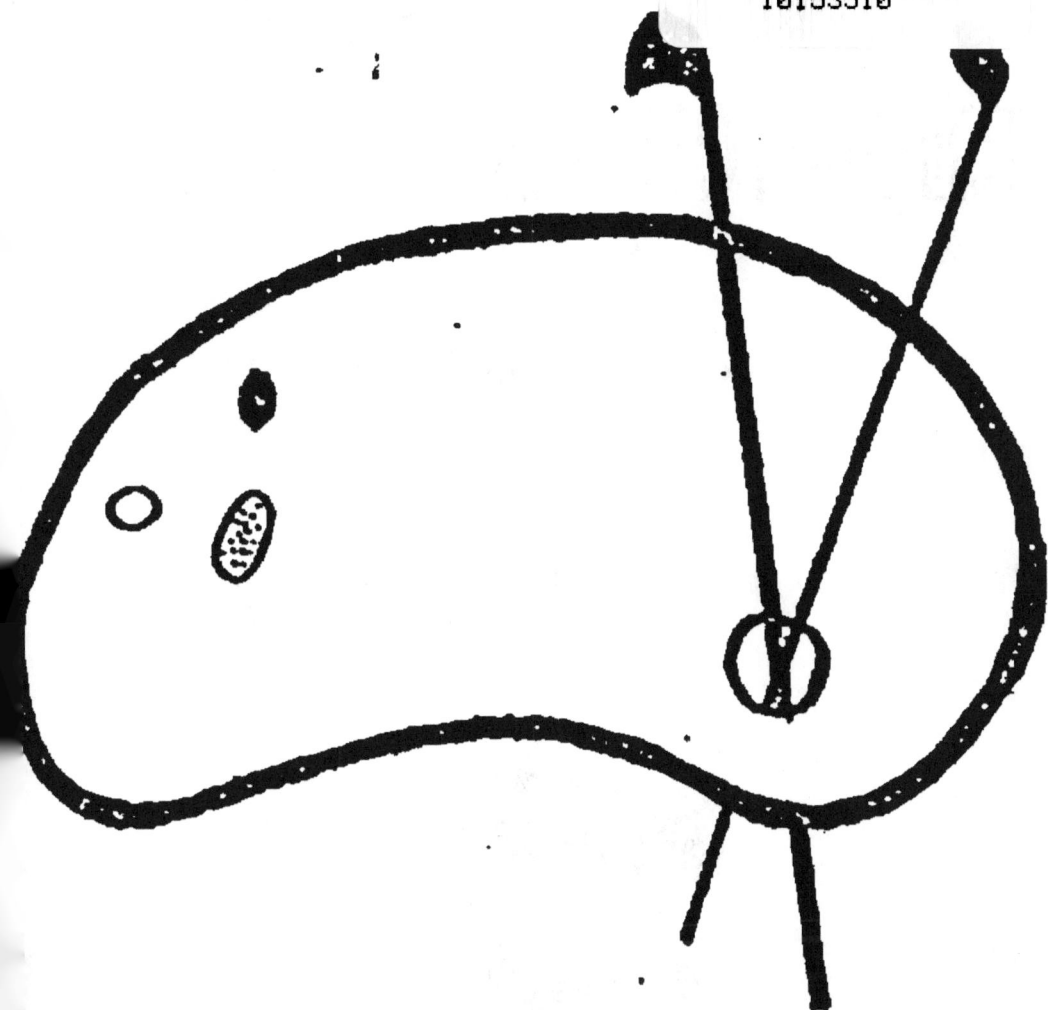

ESSAI

SUR LA

RÉGENCE DE TUNIS

PAR

Joseph FABRE

AVOCAT

Multa renascentur quæ jam cecidère...
(HORACE).

AVIGNON

SEGUIN FRÈRES, IMPRIMEURS-ÉDITEURS,

13, rue Bouquerie, 13

1881

ESSAI

SUR LA

RÉGENCE DE TUNIS

1

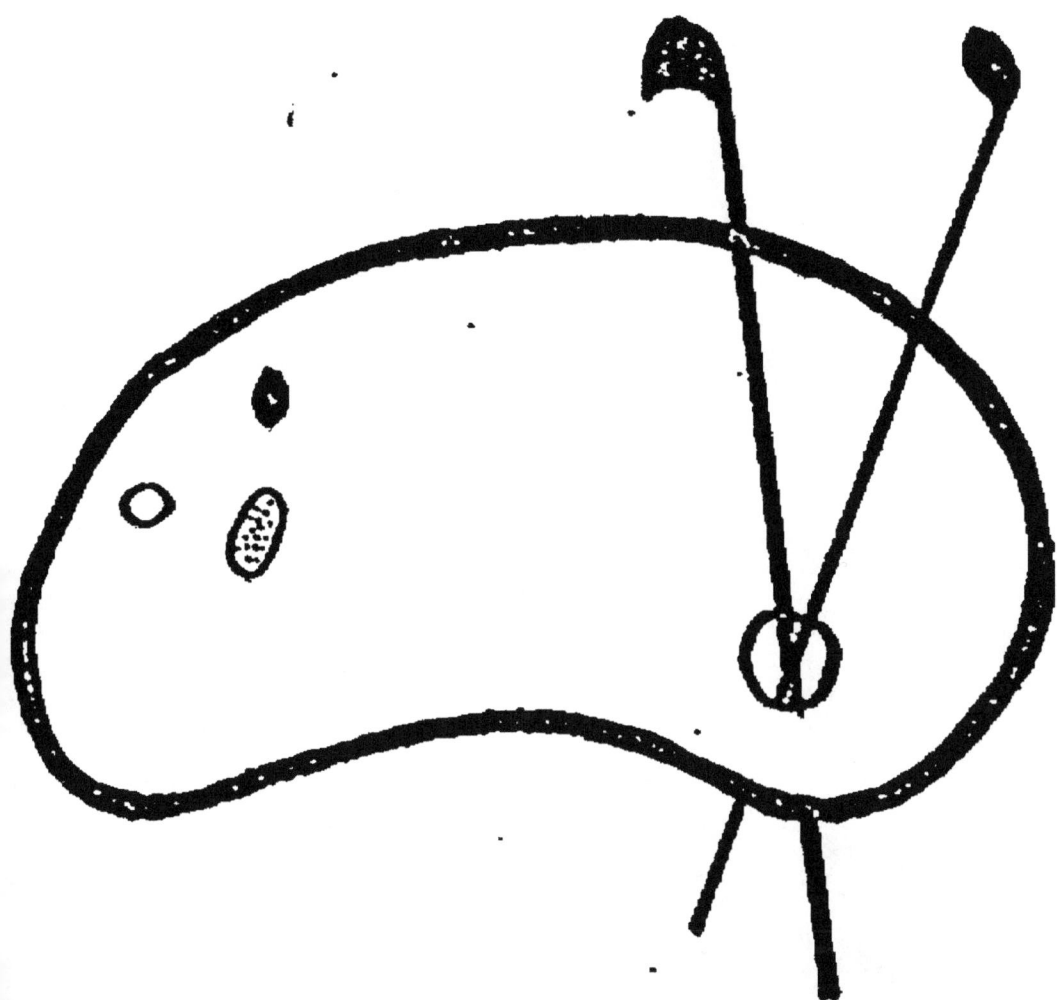

ESSAI

SUR LA

RÉGENCE DE TUNIS

PAR

Joseph FABRE

AVOCAT

Multa renascentur quæ jam cecidère...
(Horace).

AVIGNON

SEGUIN FRÈRES, IMPRIMEURS-ÉDITEURS,

13, rue Bouquerie, 13

1881

PRÉFACE

Tout le monde connaît, notamment ceux qui ont eu le courage de l'aborder, les difficultés de l'agrégation de quelque ordre qu'elle soit. Les matières sont si variées, le programme si peu défini, le résultat si problématique qu'on use pour obtenir ce grade universitaire de tous les moyens de succès. Je voulais moi-même forcer les barrières de l'agrégation muni d'un droit d'auteur, et m'imposer en quelque sorte par la preuve matérielle de mon travail aux suffrages de mes examinateurs. Je mis la main à l'œuvre et je commençai : l'*Essai sur la Régence de Tunis*.

Il y a de cela bientôt dix ans. Je ne me doutais pas alors, en présence des difficultés à vaincre, des recherches auxquelles il fallait me livrer, qu'au moment où ce travail verrait le jour, j'aurais passé armes et bagages de l'université dans le barreau. Cette époque a été pour moi, je le confesse sans prétendre me poser en sage, comme le Sahara de ma vie, où j'ai rencontré plus d'une oasis, aux riantes verdures, à côté du sable aride: Moins heureux que le nomade habitant du désert, je n'ai point trouvé de Tell depuis. Aussi est-ce avec un mélancolique plaisir que je reporte ma pensée vers ce passé si près de moi encore !

« Seuls le travail, l'économie et la vertu, a dit un philosophe anglais, peuvent empêcher que le passé ne soit perdu pour nous ». Je livre au public le fruit de mon travail et continue à me hâter lentement après l'économie et la vertu.

L'Orient avec sa civilisation sensuelle, ses brillantes annales, ses riches productions, avait séduit mon esprit. Je résolus d'étudier sa vie, son histoire et ses mœurs sur une de ces émeraudes superbes, nommées Régences, que la Méditerranée a mises à sa couronne. Je fixai mon choix sur Tunis, dont le passé évoque de grands souvenirs historiques. N'est-ce pas, en effet, à peu de distance de Tunis, que gisent sous quelques pans de terre les débris de cette ville célèbre qui s'appela Carthage ? Quand on foule pour la première fois ce sol classique, on éprouve le besoin de se découvrir avec respect, comme à l'entrée d'un cimetière. Là ce n'est pas devant un ossuaire vulgaire que l'on s'incline, c'est un cadavre de fer que la rouille du temps émiette à peine que l'on salue. Chateaubriand, aux Thermopyles, tombeau de trois cents Spartiates, redemandait aux échos la grande voix de Léonidas. « Passant, se fût-il écrié sur les ruines de la vieille cité punique, va dire au monde entier qu'ici à mes pieds, repose le courage civique de Carthage vaincu par le patriotique égoïsme de Rome !... »

Cependant ce serait flatter mon goût, je dois le reconnaître, de supposer que la passion historique m'a seule guidé dans le choix de cette étude : j'ai obéi plus encore à un sentiment complexe, celui de la curiosité mêlée de chauvinisme. Comme un heureux bourgeois, le Français aime à connaître son voisin, à l'étudier, à voir ce qu'il fait ; après cela, il sympathise avec lui ou répudie son voisinage. La régence de Tunis n'est-elle pas la voisine et la continuation de la Régence d'Alger, aujourd'hui colonie de la France ? A la faveur de leur communauté d'origine, l'une se rappellera toujours l'autre : telle une sœur, libre d'engagements, conserve dans son âme le souvenir de sa sœur aînée passée sous l'autorité d'un maître qui l'a dépouillée de son nom.

Le gouvernement tunisien nous a prouvé dans plus d'une occasion qu'il obéissait aux secrètes inspirations de l'amitié qui unit les deux pays. Les difficultés internationales qui ont surgi, telles que l'affaire de Sancy et la concession italienne de la ligne de la Goulette, ont été résolues par notre diplomatie à l'honneur de la France : sa considération et son autorité morale au dehors n'ont subi aucune atteinte. La sage direction donnée à nos affaires en Afrique n'est pas, en effet, sans influence sur le compte que fait de nous l'Europe, toujours attentive à ce qui se passe dans la Méditerranée.

Nous retrouvons enfin dans les annales de la Régence de Tunis toutes les vicissitudes d'un grand peuple, ses moments de gloire et ses alternatives de faiblesse. Au douzième siècle de l'hégire le règne d'Ali-Bey faisait éclore une pléiade de grands hommes comme en France le Roi-Soleil. Le chroniqueur El-Hadj-Hammouda-ben-Abd-El-laziz écrivait une remarquable histoire du prince dont il était le secrétaire. Le poète Kalifa-ben-el-Cayez-Mansour-el-Maschérat le chantait dans la langue des dieux. Abd-el-Ouahed-ben-Achir-el-Andloussi dissertait sur la théologie. C'était le moment de la concentration des forces vives de la Tunisie en un unité féconde. D'autre part, les luttes continuelles que ce pays avait eu à soutenir, pendant près de six siècles pour la transition de la souveraineté des dynasties arabes et conquérantes à des dynasties berbères indigènes, ne furent pas sans d'inévitables défaillances.

On a pu dire avec vérité, devant cette ressemblance de la vie des peuples, qu'ils varient souvent entre eux, mais que leur histoire est toujours la même.

Joseph FABRE.

Arles-sur-Rhône, le 2 février 1881.

———

CHAPITRE PREMIER

L'origine de Tunis est fort obscure; on peut même dire qu'elle se perd dans la nuit des temps. Après les nécropoles d'Egypte, elle est de toutes les villes du continent africain la plus ancienne. Les phases si diverses qu'elle a traversées jettent nécessairement quelque confusion dans son histoire.

Dans les temps les plus reculés Tunis s'appelait *Tharsis*. C'est sous ce nom qu'elle est connue dans la Bible, où il est dit au III° livre des Rois que *Salomon* et *Hiram* envoyaient tous les trois ans à *Tharsis* et à Ophir des vaisseaux pour chercher de l'or, de l'argent, de l'ivoire et des singes.

Les Romains l'appelaient *Tinis* et *Tunes*, et c'est Tite-Live, si je ne me trompe, qui la désigne déjà quelque part sous le nom de *Tunisa*. Enfin, au treizième siècle, elle a repris son nom romain de *Tunes*; ainsi l'appelle Joinville, dans son *Histoire de St Louis* (1).

L'époque de sa fondation demeure inconnue : suivant Strabon, elle existait déjà avant Carthage, qui cependant précéda de neuf siècles l'ère chrétienne.

Elle était comprise dans cette vaste région connue des géographes orientaux sous le nom d'El-Mogreb (Occident). Pour déterminer quels furent ses habitants primitifs, il faut recourir à la Fable, dont les récits ingénieux sont au moins bien hypothétiques, sinon mensongers. Elle nous parle des Atlantes qui tiraient leur nom du mont Atlas que la Mythologie avait personnifié; des Lotophages qui se nourissaient des fruits du lotus; des Troglodytes qui habitaient les cavernes des montagnes et dont la nourriture consistait en un mélange de pâte et de terre glaise; enfin, des Garamantes, peuple dont on retrouvait encore des traces à l'époque où le chef africain Tacfarinas soutint contre les Romains une lutte de huit ans.

Si nous passons des temps préhistoriques à la période qui précéda les guerres puniques, nous trouvons sur le littoral de la mer intérieure les Lybiens; tandis que les Gétules sont rélégués dans les vallées de l'Atlas.

---

(1) M. Davis, dans son ouvrage *Carthago and her remains*, émet l'opinion que le nom de Tunis n'est que la corruption du mot qui, en phénicien, indiquait la déesse *Tanaïs* (*Aphrodite* des Grecs, *Vénus* des Romains.)

Les grandes émigrations dont l'Asie a été le théâtre à diverses reprises furent, d'après Varron et Procope, la souche originaire des populations du continent africain. — Eusèbe et après lui St Augustin prétendent que les habitants de la terre de Chanaan, poursuivis par Josué, se réfugièrent dans cette partie de l'Afrique et que les Carthaginois étaient leurs descendants. Enfin, un historien maure du XIVe siècle, Ebn-Khal-Doun, attribue à son tour l'origine des Berbères à un petit-fils de Chanaan du nom de Ber.

Quoi qu'il en soit avant l'arrivée des Phéniciens, les Numides, qui, d'après Salluste, descendent des Mèdes et des Perses, habitaient les pays occupés actuellement par la régence de Tunis. On leur donnait le nom de Mores ou Maurusiens.

A cette époque, Lybiens, Gétules, Mores, Numides et Berbères ne formaient qu'une seule nation. La Grèce, dont le génie cosmopolite s'était répandu sur le monde connu, établissait des colonies dans cette partie de la Lybie qui portait le nom de Pentapole. Les Doriens y fondèrent Cyrène, les Tyriens Utique, et les Phéniciens Carthage. La tradition rapporte que deux phéniciens vinrent dresser leurs tentes à l'endroit même où plus tard s'éleva la fière rivale qui devait mettre Rome à deux doigts de sa perte.

La régence de Tunis occupe à peu près entièrement cette partie de l'Afrique septentrionale à laquelle les Latins donnèrent le nom d'*Africa propria*.

Tite-Live parle de Tunis qu'il dit située à environ trois
milles de Carthage; elle faisait partie de cet empire
et elle eut par conséquent beaucoup à souffrir pendant
les guerres puniques. Carthage et Rome étaient trop
voisines, mais surtout trop ambitieuses pour vivre
longtemps en paix. La passion des conquêtes les arma
l'une contre l'autre et donna naissance à trois guerres longues et sanglantes, connues sous le nom de
guerres puniques, dont le récit appartient à l'histoire
romaine. Dans la dernière, Carthage fut prise et ruinée la même année que Corinthe, après une existence
glorieuse de plus de sept siècles.

Massinissa, roi de Numidie, pour complaire à la politique de Rome, ne recula pas devant la trahison : d'a-
bord allié des Carthaginois, il contribua bientôt par ses
attaques incessantes à la chute de leur malheureuse république.

Il possédait ce qu'on appelle aujourd'hui le Djérid
tunisien, et ses États s'étendaient jusqu'à Cyrène. Mais son
petit-fils Jugurtha soutint pendant sept ans une lutte
acharnée contre les Romains ; tous les Numides des villes
et des montagnes s'étaient ralliés à lui, de même que
de nos jours les populations arabes et kabyles de l'Algérie se liguèrent autour de l'émir Abd-el-Kader, pour
résister aux Français. Cité à Rome pour avoir fait périr
les deux fils de Massinissa, ses co-héritiers au trône de
Numidie, Jugurtha, qui avait corrompu à prix d'or les
ambassadeurs, les tribuns et les juges, osa s'y rendre.

Bien plus, il assassina au sein de cette ville Massiva, un compétiteur au pouvoir; puis sortit de Rome sans être inquiété, en lui jetant ce cri de mépris: « Ville qui te vendrais si tu trouvais un acheteur! » Plusieurs généraux, envoyés contre lui, couvrirent les armes romaines de honte, par leur cupidité, leur lâcheté et leurs défaites. Enfin Métellus d'abord, Marius ensuite, poussèrent activement les hostilités, battirent Jugurtha en plusieurs rencontres et s'emparèrent de toutes ses villes. N'ayant plus ni forteresse, ni royaume, le petit-fils de Massinissa se confia à Bocchus, roi de Mauritanie, qui le livra à Sylla, lieutenant de Marius. Après le triomphe de ce dernier, il alla mourir de faim en Italie, à l'âge de cinquante quatre ans, dans un cachot humide, où l'avait plongé la vengeance des Romains.

Pendant que César ressuscitait Carthage par la puissance de son génie, le roi Juba, que ses ouvrages historiques ont rendu célèbre, régnait sur la Tunisie méridionale, le Belad-al-Djérid. Après avoir orné le triomphe du vainqueur de Pharsale, Juba était devenu son protégé et son élève. Plus tard, Auguste lui fit épouser Hélène, fille de Cléopâtre et d'Antoine, et lui donna les royaumes de Mauritanie et de Gétulie. Juba gouverna sagement ses États pendant un long règne de cinquante trois ans. Laborieux et instruit, il s'était adonné à l'étude des lettres et écrivit plusieurs ouvrages, entre autres l'histoire de l'*Empire Assyrien* et celle des *Arabes*, dont la perte est regrettable.

Peu de temps après, le maure Tacfarinas, qui avait déjà servi dans les troupes auxiliaires de Tibère, souleva contre Rome toutes les populations numides, et mourut les armes à la main. Les tribus rebelles fatiguées de combattre, parurent se fondre ensuite dans l'élément romain, maître de tout le nord de l'Afrique, du Nil à l'Océan. La noblesse italienne se construisit de nombreux palais et de délicieuses villas dans les environs de Carthage; on en retrouve encore des ruines, particulièrement à la Marse.

C'est parmi ces patriciens émigrés à Carthage que le vœu populaire alla chercher, en 237, les deux Gordiens pour les asseoir sur le trône impérial; l'aîné, Marcus-Antonius, éleva à peu de distance de Tunis le magnifique amphithéâtre de Tysdrus connu de nos jours sous le nom d'El-Djem.

Un prince arabe du nom de Thirmus inaugura ensuite l'ère des révoltes isolées contre l'autorité romaine sur le continent africain toujours déchiré par quelque nouvelle division. Il fut vaincu par Théodose, mais il eut des continuateurs de son œuvre qui disparurent plus tard avec la domination des Vandales.

A ce moment l'Église jetait en Afrique ses premières racines. L'arbre ne tarda pas à produire de beaux fruits.

Je ne crois pas sortir de mon sujet, quelque étroites qu'en soient les limites, en rappelant brièvement le nom et les œuvres de trois hommes remarquables qui ont tracé dans les annales des pays qui nous occupent un sillon de lumière : la chronique d'un peuple est moins un récit de faits et gestes que l'histoire des hommes qui furent ses gloires. Je veux parler de l'éloquent Tertullien, originaire de Carthage, de saint Cyprien, évêque de cette ville et de l'admirable Augustin, qui occupa le siège épiscopal d'Hippone.

Né à Carthage, vers l'an 160, Tertullien, frappé de la constance des premiers martyrs, embrassa avec une ardeur généreuse la cause du christianisme. Mais plus rhéteur qu'apôtre, plus habile et subtil dans la discussion que ferme dans ses nouvelles convictions, il encourut les censures de l'Église en épousant les erreurs de Montan.

Néanmoins son œuvre est impérissable. On admirera toujours la noblesse, la vivacité, la force des pensées, malgré une élocution un peu dure, des expressions obscures, des raisonnements quelquefois embarrassés. Son *Apologétique* restera un chef-d'œuvre d'éloquence.

St Cyprien naquit également à Carthage, dont il devint évêque, au IIIe siècle. Lors de la persécution de Valérien. il refusa de sacrifier aux dieux et fut envoyé à la mort. Plein de mépris pour une civilisation qui immolait si facilement dans les cirques la vie humaine à ses raffinements, il avait écrit son *Traité sur les spectacles*, où il s'élève avec force contre les cruautés qu'on y commettait. C'est l'ouvrage qui nous fait le mieux connaître les yeux chez les Romains.

Plus grand que Tertullien par l'ampleur de son génie, sublime comme saint Cyprien dans les adversités, saint Augustin illustra, au IV° siècle, par l'éclat de son nom et de ses talents, le modeste siège d'Hippone. Modèle frappant des instabilités de la vie, ce grand homme fut soumis à toutes les vicissitudes matérielles et morales, éprouva les emportements des passions les plus vives, subit toutes les défaillances, dont il se releva plus courageux et plus fort. Parlant de sa jeunesse, il déclare lui-même qu'il avait une profonde aversion pour l'étude; il préférait les jeux du cirque et les spectacles. On dut employer la sévérité pour vaincre sa paresse; mais il ne tarda pas à surpasser ses maîtres. Il achéva ses études à Carthage, et étudia surtout la rhétorique et l'éloquence pour se préparer au barreau. C'est alors qu'il s'attacha à une femme qu'il aima fidèlement pendant quinze ans. La lecture de l'*Hortensius* de Cicéron, livre perdu pour nous, lui donna le goût des investigations philosophiques. Il embrassa d'abord la doctrine des Manichéens, et lut Aristote, qui l'attacha davantage à ce système; il était persuadé que les idées avaient leur principe dans les sens. Mais s'il fut séduit par la philosophie des Manichéens, ce ne fut pas sans élever des objections contre les superstitions magiques et les fables grossières dont ils entouraient leur dualisme. Il conversa avec Fauste, chef de la secte, qu'on disait fort savant, et qui ne put résoudre les difficultés que souleva

Augustin. Dès lors ses convictions furent profondément ébranlées.

Il écrivit son premier ouvrage, qui nous est parvenu : *De la Beauté et de la Convenance*. Il passa ensuite en Italie, et vint professer l'éloquence à Milan. Saint Ambroise était évêque de cette ville. Augustin alla d'abord l'écouter pour connaître l'orateur ; mais peu à peu il goûta sa doctrine. La lecture attentive de Platon, qui s'est le plus rapproché des idées chrétiennes, le fit divorcer avec les Manichéens. Il était sur le seuil de la religion : Platon, dont il s'enthousiasmait, lui montrait l'essence divine, et saint Ambroise le dogme. Après son baptême, il retourna en Afrique, où il vendit ses biens pour en donner le prix aux pauvres. Dans la solitude il fit des travaux considérables qui appelèrent sur lui l'attention de l'évêque d'Hippone et de ses ouailles. Le peuple, d'une commune voix, l'appela à l'épiscopat. Augustin étudia alors les questions du libre arbitre et de la grâce; il écrivit son livre *de la Prédestination*, auquel on peut reprocher un fatalisme plus dangereux que la doctrine qu'il combattait.

Rome venait d'être prise par Alaric ; les Barbares inondaient le vieux monde, traînant à leur suite d'effroyables calamités : il fallait consoler les peuples plongés dans une misère qu'on ne saurait dépeindre. Le pieux évêque composa alors son livre admirable sur la *Cité de Dieu*, qui ravivait dans tous les cœurs l'espérance d'une vie meilleure. Il avait soixante quinze ans, quand l'Afrique fut envahie par les Vandales; il vit ces barbares devant Hippone, et souhaita de mourir avant qu'ils entrassent dans la ville. Ce vœu patriotique fut exaucé. Il mourut le troisième jour du siège, en 430.

En effet, les Vandales, sous Gensëric avaient, traversé le détroit de Gibraltar (Djebel-el-Tarik), s'étaient emparés du Nord de l'Afrique, puis d'Hippone après quatorze mois de siège, et enfin de Carthage en 438. Ces farouches Ariens qui persécutèrent les chrétiens orthodoxes et pressurèrent les vaincus se civilisèrent pourtant au contact des Romains. Ils occupèrent les fertiles provinces Abaritane, Tingitane et Byzacène, dont la dernière au moins fait partie du royaume de Tunis. Bientôt la Gétulie entière, ainsi que la Numidie, dut leur être cédée, et plus tard toutes les Mauritanies et la Tripolitaine.

Après la mort de Genséric, en 477, à Carthage, les Vandales s'affaiblirent par des luttes continuelles contre les Gétules, les Numides et les Maures. Aussi, lorsque Bélisaire, en 533, à la tête d'une flotte partie de Constantinople, parut devant Carthage, la capitale de la Numidie lui ouvrit ses portes; et les autres cités s'étant également rendues, le général de Justinien anéantit la puissance vandale en Afrique. Mais cette malheureuse terre ne devait pas retrouver encore le calme de la paix. Sous la domination gréco-byzantine, indigènes maures et berbères recommencèrent la lutte contre l'empire, et les plus belles provinces furent désolées.

Cependant d'autres temps se préparaient pour l'Afrique. En 647, les Arabes, sous les ordres du calife Omar, passent en Égypte. Puis Abd-Allah, un des lieutenants du calife Mohawiah, le premier des Ommiades, marche à la tête de quarante mille hommes sur Tripoli, qu'il arrache à l'empire de Byzance. Six ans plus tard une nouvelle expédition s'empare de Cyrène ; puis une troisième, commandée par Oukbah, de la fameuse ville du Kaïrouan. (1) Les Arabes s'y fixèrent, l'agrandirent et l'embellirent considérablement ; elle devint la capitale d'un empire commandé par un calife qui se déclara bientôt indépendant de ceux de Damas et de Bagdad.

(1) Kaïrouan, fondée au VIIᵉ siècle par les Arabes, devint successivement de 789 à 1273 la capitale des Aglabites, des Fatimites, des Zéirites et des Almohades. Au XIIIᵉ siècle elle passa sous la domination des princes de Tunis.

Kaïrouan, regardée comme sacrée parce qu'elle renferme le tombeau du barbier, l'ami et le confident du Prophète, était il y a quelques années, la résidence d'un saint personnage musulman, nommé Sidi-Hammouda-Abéda dont les miracles avaient une grande renommée.

En 1855, au moment de la guerre de Crimée, il déclara que Sébastopol ne serait pris que lorsque deux canons de Kaïrouan qu'il désignait, seraient arrivés devant la cité moscovite ; ces deux canons devant produire, paraît-il, l'effet des trompettes de Jéricho. Le gouvernement tunisien s'empressa de faire parvenir à Constantinople ce secours inattendu. Le fidèles se réjouissaient déjà par avance de la prise de Sébastopol qui allait infailliblement avoir lieu ; on en calcula même la date d'après le jour de l'arrivée des canons De Constantinople le sultan les expédia en Crimée, et, par une coïncidence frappante, Sébastopol fut pris au moment même de l'arrivée des canons. Aussi la joie fut grande à Tunis quand on apprit cette nouvelle, prévue par tous les fidèles sectateurs de l'Islam.

Les Maures et les Numides, qui avaient souffert durant plusieurs siècles de l'oppression des Carthaginois, des Romains et des Vandales, firent le meilleur accueil aux Arabes, dont ils favorisèrent les conquêtes.

Hassan le Gassanide sortit du Kaïrouan pour venir faire le siège de Carthage, dont il s'empara. La malheureuse cité, ruinée déjà par Massinissa, puis, en 312, réduite en cendres par l'empereur Maxime, semblait renaître de ses débris. Cette fois cependant elle tomba pour ne plus reparaître. Ses ruines servirent à embellir Tunis, où l'on bâtit longtemps des palais avec les marbres et les colonnes magnifiques que l'on trouvait sur l'emplacement autrefois occupé par cette vaste métropole.

« La destruction de Carthage, dit M. Beulé, a été « si terrible, que la postérité semble avoir renoncé, « sur la foi de l'histoire, à retrouver ses ruines. C'est « une opinion reçue qu'il ne reste plus une seule pierre « de la ville phénicienne, et que les rares édifices dont « les débris se voient encore, sont l'œuvre de la colonie « romaine, des rois vandales ou des gouverneurs en- « voyés de Constantinople... Mais les cités illustres ne « disparaissent point ainsi sans laisser de traces. Si « grands que soient les conquérants, leur puissance est « limitée, même pour détruire : Ninive et Babylone en « sont une preuve éclatante. » — Hélas! quelques amoncellements de décombres constituent à peu près tout ce qu'on peut voir dans la vaste plaine désolée qui représente Carthage. Il ne reste de la cité de Didon que le nom et de grands souvenirs.

Dès lors Tunis fit partie de l'empire du Kaïrouan. A cette époque les Arabes étaient dans toute leur gloire. Ils faisaient fleurir l'agriculture, l'industrie, les arts, les sciences, la poésie, et se trouvaient, sous bien des rapports, à la tête des nations civilisées. Le Kaïrouan était un foyer de lumières, de luxe et d'érudition ; et l'Afrique musulmane put enfin jouir d'une longue période de paix, de calme et de prospérité.

Avec le Coran la civilisation pénétra dans les contrées méridionales de l'*Africa propria*. Jean-Léon l'africain raconte que des missionnaires musulmans s'enfoncèrent dans les déserts de l'Afrique centrale pour y apporter les lumières de l'Islam. Les Nègres de ces contrées, convertis à des idées plus saines, abandonnèrent leurs coutumes barbares, dont la plus invétérée dans les mœurs et la plus horrible consistait à enterrer de jeunes filles vivantes pour fléchir la colère des idoles.

Cependant le vieux monde romain commençait à s'émouvoir des exploits non interrompus des Sarrasins. Ses craintes encourageaient les desseins audacieux de ces nouveaux barbares. En 552, Tunis leur fournit des soldats pour aller faire le siège de Rome, et pendant que, la première, elle vengeait ainsi Carthage, les Aghlabites agrandissaient et fortifiaient ses murs, en même temps qu'ils faisaient fleurir au Kaïrouan la jurisprudence, les arts, l'industrie et le commerce.

Dans le siècle suivant, l'Afrique, l'Asie et l'Espagne furent déchirées par des luttes incessantes entre les Ommiades, les Abassides et les Fatimites.

Quant aux califes de Kaïrouan, maîtres de Tunis, ils combattaient les Berbères, anciens habitants du pays, refoulés vers les montagnes, lorsqu'un iman célèbre, descendant du prophète par Fathmé et fondateur de la puissance des califes fatimites, nommé Obéid-Allah-Abou-Mohammed ou Mahadi, s'empara de Kaïrouan, et en chassa les Aghlabites. Ceux-ci demandèrent du secours à l'ommiade Abd-er-Rhaman, calife de Cordoue, qui vint mettre le siège devant Tunis, dont il s'empara, sans avoir pour cela chance de rendre durable dans cette ville la puissance des Ommiades d'Espagne.

En l'an 998 Caïm, calife fatimite du Kaïrouan, s'étant rendu en Égypte, dont l'un de ses généraux lui avait assuré la conquête, un berbère, nommé Abul-Ageix, auquel il avait confié en son absence les affaires du gouvernement, s'empara effectivement du pouvoir et le supplanta. Le calife, pour se venger, appela à son secours les tribus méridionales de l'Arabie, qui s'abattirent par le désert de Barca sur la Barbarie, au nombre de plus d'un million d'hommes. Abul-Ageix fut tué, et ses deux fils, pour se soustraire à la fureur des Arabes, se réfugièrent, l'un à Bougie, l'autre à Tunis, où ses descendants régnèrent jusqu'au milieu du douzième siècle. En 1140, Abd-Allah, natif des montagnes de l'Atlas et chef de la dynastie des Almohades, s'empara du royaume de Tunis, et en chassa les descendants d'Abul-Agéix. Après lui, les Almohades et les Almoravides, dans le nord de l'Afrique, se disputèrent le pouvoir ; puis l'almohade Abd-el-Moumen s'étant emparé de toute la partie septentrionale depuis l'océan jusqu'au désert de Barca, les princes tunisiens se trouvèrent sous sa dépendance. Mais, après la défaite de Mohammed-Abou-Abd-Allah, son petit-fils, qui perdit contre les rois de Castille, d'Aragon et de Navarre la bataille de Tolosa en 1212, les Arabes assiégèrent le gouverneur que cet empereur du Mogreb entretenait à Tunis ; une flotte commandée par Abduledi, célèbre capitaine de Séville, dans l'Espagne musulmane, rétablit les affaires de Mohammed-Aben-Abd-Allah, qui laissa son fils paisible possesseur de ses États.

Pendant plusieurs siècles la couronne resta héréditaire dans la famille des Almohades. Les princes de cette dynastie rendirent Tunis très-florissante. Son commerce était considérable, et consistait particulièrement en exportation de blé, huiles, fruits secs, miel, ivoire, corail, poudre d'or, laines, peaux, cuir, maroquin, tapis, étoffes précieuses et autres produits de son industrie. Elle recevait d'Europe de l'or, de l'argent monnayé, des bateaux et des navires, des draps, des étoffes de soie, des toiles, des objets de mercerie et quincaillerie. C'est durant cette époque que les Maures de Sicile expulsés par l'intolérance des empereurs d'Allemagne, vinrent se fixer en Tunisie. D'un autre côté,

3

les Maures d'Espagne, valeureux et chevaleresques, quittèrent leur pays après la bataille de Tolosa, dont l'issue empêcha peut-être la conquête de l'Europe par les Musulmans. Cette émigration eut surtout lieu, soit en 1236, quand Ferdinand III de Castille enleva aux Maures Cordoue et l'Andalousie, soit en 1492, lorsque Ferdinand le Catholique reprenait Grenade et réduisait les derniers débris de la puissance maure à quitter l'Espagne. Ces populations se réfugièrent dans les villes du Mogreb, à Bougie, à Tlemcem, à Fez, à Maroc, et particulièrement dans l'antique et hospitalière Tunis, où se retira la grande famille des Abencerrages (1).

Industrieux et riches, les Maures donnèrent un nouvel éclat à Tunis; aussi devint-elle puissante. Elle étendit les limites de son territoire et forma cinq provinces : Tripoli, Bougie, Constantine, Ezzab et Tunis proprement dite. Le royaume de Tunis devint ainsi, de même que l'empire du Maroc, l'un des plus considérables du Mogreb.

---

(1) Nom donné par les poètes et les auteurs de romans de chevalerie à une puissante tribu maure qui habita le royaume de Grenade. Une cinquantaine de ses membres furent massacrés dans l'Alhambra par les ordres de Boabdil, à l'instigation d'une tribu rivale, qui accusait le chef des Abencerrages d'adultère avec la reine. Un page qui parvint à s'échapper, épargna, en les prévenant de ce qui se passait, le massacre des autres. — Cette histoire ne repose sur aucun fait sérieux et n'a servi qu'à défrayer les romans du moyen âge, jusqu'à ce que Châteaubriand, s'en emparant, fit cette œuvre charmante connue sous le nom des *Aventures du dernier des Abencerrages*.

C'est pendant cette période que se produisirent des voyageurs, des historiens et des géographes célèbres, tels qu'Edrisi (1), dont Roger, roi de Sicile, fit connaître les ouvrages à l'Europe vers le milieu du douzième siècle; Ibn-al-Ouardi, qui poétisait au treizième siècle les difficultés de la grammaire et s'assurait un nom par son immortel ouvrage la *Perle des Merveilles*; le géographe et chroniqueur Alboufeda; le célèbre voyageur Moham-med-Albin-ab-Allah qui, le premier, alla visiter Tom-bouctou et fit connaître le centre de l'Afrique; les notions qu'il donna furent utilisées plus tard par Jean Léon l'africain, Marmol de Grenade et le vénitien Li-vio Sanubo.

A cette époque de nombreuses caravanes de marchands, dont nous parlerons plus tard, partaient de Tunis pour se diriger vers la Guinée et sur Tombouctou, capitale d'un État puissant, fondée en 1213 par les Maures.

Ce n'était pas seulement avec l'intérieur de l'Afrique que Tunis avait des rapports commerciaux, elle les éten-

(1) Edrisi (Abou-Abdallah-Mohammed-el) descendant de Ma-homet par Aii et Edris, chef de la dynastie des Edrissides, se ren-dit célèbre par l'étendue de ses connaissances géographiques. Il fit graver pour son protecteur, le roi Roger, une mappemonde d'argent du poids de 800 marcs. Ce curieux monument ne nous est pas parvenu. Edrisi doit surtout sa réputation à un traité complet de géographie, dont le manuscrit existe à la bibliothèque nationale de Paris et qui a pour titre: *Noz get Moschtac fi ikhtirac alfac* (Récréation de celui qui désire parcourir les pays). Cet important ouvrage est un résumé fidèle des connaissances des Arabes à cette époque.

dit jusqu'à Pise. Les archives de Florence possèdent un traité, en italien et en arabe, qui fut conclu l'an 662 de l'hégire, entre les Pisans et le roi de Tunis, qui prenait le titre de roi des Sarrazins.

En 1236 le trône de Tunis fut occupé par un prince d'une grande valeur, nommé Gahia-Abou-Zakaria qui régnait également sur les villes de Bougie et de Tripoli. Il réunit sous sa domination tout le pays jusqu'à Tlemcem.

De 1250 à 1275, le roi Boabdil soutint glorieusement l'honneur des armes tunisiennes, et recula les limites de son empire. Plusieurs villes importantes, telles que Bône, Bougie, Collo, Djigelly et Dellys, furent annexées à l'État de Tunis. Ce prince, pour maintenir le sceptre dans sa famille, se disait le descendant d'Omar, l'un des premiers califes ; et pour fortifier l'autorité morale que lui donnait cette qualité, il s'attacha à démontrer par son caractère affable, droit et humain, qu'il était digne de ses prétentions. Il fit avec les républiques de Gênes, de Pise, de Venise et de Florence, et avec l'Aragon, la Provence et la Sicile des traités de commerce et d'amitié qui furent toujours fidèlement observés. Ce grand et noble souverain prenait sous sa garde particulière les vaisseaux de toute nation que la tempête jetait sur les côtes d'Afrique, faisant respecter hommes et biens, tandis que les Européens, à la même époque, dépouillaient, sans aucun scrupule, les malheureux naufragés.

Au régime de conquête et d'annexion succéda, pour la Tunisie, le régime du travail et de la paix. La dynastie des Beni-Abbès, d'origine étrangère, sembla suscitée pour ne s'occuper que du bien matériel du pays. Rois tolérants au sein de l'islamisme à une époque où l'Europe offrait déjà les plus déplorables exemples d'intolérance religieuse, les Beni-Abbès autorisaient l'établissement de couvents et d'ordres monastiques dans leurs États. Les hérétiques que l'on sacrifiait sur un continent accueillaient sur l'autre leurs oppresseurs. Les religieux qui se fixèrent à Tunis, en 1271, étaient des Cordeliers et des Dominicains. Les chrétiens, en nombre considérable, purent, sans être inquiétés, vaquer à leurs devoirs religieux comme à leur négoce.

Le 25 août de l'année 1270, le chevaleresque Louis IX, roi de France, venait expirer de la peste devant Tunis, sur les ruines de Carthage.

Les Arabes ont gardé la mémoire de ce prince, dont ils ont quelque peu altéré le caractère et les desseins. Ils affirment qu'il se convertit à l'islamisme et devint bon mahométan ; aussi le vénèrent-ils comme un saint personnage. D'autre part le catholicisme l'a mis sur ses autels parce qu'il était allé combattre les hérétiques, c'est-à-dire les Musulmans. Quelle singulière coïncidence !

Tunis, en général, ne se livrait pas comme Alger à la piraterie ; si plus tard elle eut aussi quelques corsaires, ce fut dans un but de défense contre les pirates chrétiens qui parcouraient les mers. La piraterie était un métier chez les Cypriotes, les Catalans, les Siciliens, les Vénitiens, les Pisans et les Génois.

En 1390, Charles VI, roi de France, dont le triste règne rappelle les plus mauvais jours de notre histoire, s'allia, sans motif, aux Génois contre Tunis. Il envoya dans les eaux d'Africa, aujourd'hui Mehedia, le duc de Bourbon, son oncle, qui fut obligé de se retirer après quelques combats sans importance ni résultat.

Cependant vers l'an 1400, Tunis entourée de corsaires de toutes sortes, et souvent victime elle-même de leurs entreprises audacieuses, parut vouloir entrer dans le mouvement. Mais le roi Abou-Ferez réprima aussitôt ces tentatives ; et, jusqu'à la domination turque, ses successeurs se montrèrent animés de la plus grande bienveillance envers les Européens, en même temps que stricts observateurs des traités.

Au commencement du XVIᵉ siècle, deux frères, les pirates Aroudj et Kheir-el-Din, plus connus sous le nom de Barberousses, forcèrent le roi de Tunis à leur accorder le droit de bourgeoisie, et de leur céder les îles de Gherba, où ils se fortifièrent, faisant de là des descentes sur toutes les côtes de la Méditerranée.

En 1510, les Espagnols s'étant emparés d'Alger, les habitants, traités durement par leurs vainqueurs, se révoltèrent et forcèrent leur cheik, Salem-el-Teumi, d'appeler à leur secours l'écumeur de mer Aroudj. Cet homme était fils d'un rénégat sicilien, nommé Iacoub et pirate lui-même. Barberousse avait couru les mers dès l'âge de treize ans, et son intrépidité avait attiré sous ses ordres une foule d'aventuriers qui le rendaient redoutable sur la Méditerranée. Le pirate s'empressa de répondre à cet appel, il attaqua par mer les Espagnols enfermés dans Alger ; les Arabes l'investissaient par terre. Bientôt le fort et la ville furent pris, et la garnison espagnole mit bas les armes. Mais Alger délivré des Espagnols ne fit que changer de maître : Barberousse se débarrassa du prince arabe qui l'avait appelé, et resta seul maître d'Alger avec les Turcs, qui devinrent le noyau de sa milice algérienne.

Le successeur d'Aroudj, fut en 1476, son frère Khaïr-el-Din, surnommé aussi Barberousse. A peine en possession du pouvoir, il fut menacé par une flotte espagnole de vingt-six vaisseaux portant six mille hommes. Une tempête fit périr cette flotte. Cependant, toujours attaqué par les Espagnols et les Arabes, Khaïr-el-Din eut recours au sultan Sélim Ier, et en obtint pour prix de sa soumission le titre de dey d'Alger, un secours de deux mille janissaires, de l'artillerie et de l'argent. C'est de cette époque que remonte le droit de suzeraineté que la Turquie réclamait sur Alger.

En 1533, le sultan Soliman, successeur de Sélim, ayant appelé auprès de lui Khaïr-el-Din, qu'il fit capitaine pacha ou grand amiral, cet homme, aussi habile que redoutable, profita de son influence pour obtenir une flotte, avec laquelle il vint s'emparer de Tunis,

Maître de la ville et du fort de la Goulette, il infesta la mer de ses brigandages, menaçant non seulement la Sardaigne et la Sicile, mais ravageant même les côtes d'Italie et d'Espagne.

Charles-Quint, craignant pour ses possessions italiennes, résolut d'attaquer le second Barberousse : il arma une flotte de quatre cents navires et de vingt-cinq mille hommes pour aller au secours de Muley-Hassan, qu'il remit sur le trône, d'où il avait été chassé par Khaïr-el-Din, en s'emparant de Tunis. En échange, Muley reconnut Charles-Quint pour suzerain, et une garnison espagnole occupa le fort de la Goulette. Khaïr-el-Din mourut en 1547.

Philippe II perdit en 1568 Tunis, dont s'empara le dey d'Alger, Aly-Kilidj, qui commandait l'aile gauche de la flotte ottomane à la bataille de Lépante ; la Goulette fut aussi perdue pour les Espagnols en 1574. Don Pedro de Carroga, gouvernait cette forteresse pour le roi d'Espagne, lorsqu'il se vit assiégé par Sinan-Bacha, qui s'en empara au nom du sultan Sélim II. On raconte qu'après la reddition de ce fort, Sinan-Bacha ayant fait venir devant lui l'ex-gouverneur lui reprocha sa lâcheté, lui appliqua un soufflet, et l'envoya prisonnier à Constantinople. Don Pédro mourut durant le trajet.

Sous la domination des Turcs, la ville de Tunis fut au pouvoir des janissaires, dont les principaux chefs entraient dans la composition du divan ou conseil du roi. Leur autorité fut si absolue qu'on put les considérer comme les

maîtres du pays. Les deys, qu'ils nommaient à la majorité
des suffrages, sous la suzeraineté de la Porte, partageaient
l'autorité publique avec un pacha délégué par le sultan de
Constantinople. Malgré cette organisation, le pouvoir oc-
culte des janissaires était plus fort et mieux assuré que le
pouvoir officiel des deux souverains. En effet, au milieu
du XVII° siècle les janissaires, au nombre de quatre
mille, élevèrent le cordonnier Kara-Osman, qui faisait
partie de cette milice, au rang de dey et l'assirent sur le
trône de Tunis. Son autorité morale n'eut point à souffrir de son origine : Kara-Osman fut tout-puissant pendant son long règne. Les deys de Tunis, comme les deys
de Venise, dont ils avaient les mêmes attributions, eurent
dorénavant leur conseil des Quarante. Placés par le divan
à la tête d'un gouvernement aristocratique, ils choisis-
saient eux-mêmes les membres du divan.

La constitution nouvelle n'avait pas entravé l'essor de
la fortune publique. Le pacha turc, au nom de son maître
le sultan, percevait le tribut qui marquait la dépendance
du royaume. Tunis pouvait mettre quarante mille hommes sur pied et plus de douze vaisseaux de ligne en mer.
Il y avait alors dans le pays environ douze mille esclaves
chrétiens ; le commerce continuait à prospérer, et le
niveau intellectuel s'élevait par la création de nouvelles
écoles.

Vers la fin du dix-septième siècle les liens de dépendance qui unissaient Tunis à Constantinople s'étaient

4

singulièrement relâchés, malgré là présence du Pacha turc. En 1684, le Sultan n'exerçait plus guère qu'un droit de suzeraineté nominale sur le dey Moahmed Icheleby, qui fut dépossédé par deux frères, Mahmoud et Aly. Ceux-ci prirent d'eux-mêmes le titre de beys, qui, du reste, ne leur fut pas contesté par la Turquie, tant celle-ci comprenait que la révolution gouvernementale qui venait de s'opérer à Tunis était autant de sa part le résultat nécessaire d'une politique d'impuissance que l'expression de l'état général des esprits dans la Régence. En effet ces princes ou beys se regardèrent d'abord comme dépendant encore du grand Seigneur, dont ils recevaient le titre de pacha *à trois queues* (1) ; mais bientôt ils cessèrent de payer tout tribut, et se contentèrent d'envoyer chaque année des présents plus ou moins magnifiques pour le Sultan.

Aucun traité régulier et permanent n'avait encore réglé le régime commercial de Tunis avec la France. On cite bien l'établissement d'un comptoir français à La Calle en 1520, et quelques concessions à Bône entre Charles IX et Sélim II ; mais ce n'était là que des faits isolés, sans importance. Le pouvoir, qui oscillait sur ses bases, recherchait dans l'amitié et les bonnes grâces des puissances extérieures l'appui qui lui faisait défaut

(1) Les Pachas font porter devant eux comme signe honorifique une ou plusieurs queues de cheval qui flottent au haut d'une hampe, dont l'extrémité est ornée d'une boule dorée. Le nombre de queues varie suivant le rang du pacha.

chez lui. En conséquence, ces concessions étaient plutôt le résultat de la tolérance que du droit. C'est de l'année 1685 que datent les capitulations régulières de Tunis avec la France. Le maréchal d'Estrées, qui avait pris part aux négociations, représenta la France à la signature du traité qui fut le premier conclu avec l'étranger. Les capitulations avec l'Angleterre datent de quelques mois plus tard ; celles avec les autres nations ne remontent guère à plus d'un siècle.

Cependant le dey d'Alger, qui prétendait avoir à se plaindre des Tunisiens, vint mettre le siége devant leur ville et s'en empara le 13 octobre 1689. Mahmoud et Aly furent chassés. Ahmed-ben-Chouques monta sur le trône. Mais son règne fut de peu de durée : Mahmoud revint bientôt à la tête d'une armée d'Arabes de l'intérieur ; une bataille qu'il gagna sur Ahmed-ben-Chouques lui rendit sa capitale en 1695.

Son troisième frère, Ramadan-bey, lui succéda. Ce prince sur lequel on fondait les plus belles espérances fut victime d'une émeute populaire qu'avait suscitée son neveu Mourad. Monté sur le trône, Mourad se signala par sa cruauté et ses excès de tout genre. Prince ambitieux et lâche, il préludait à son règne par le meurtre de son oncle et essayait de se maintenir au pouvoir par la terreur. C'est le Louis XI de la Régence. Il fut assassiné à son tour par Brahim-El-Schérif, le 10 juin 1702.

Jusqu'à ce jour le pouvoir avait appartenu à l'intrigue ou à l'habileté politique, quelquefois au crime. Ce système de gouvernement donnait ouverture à des compétitions de toute nature et aurait conduit à la désorganisation de l'autorité publique, si l'armée dont la dignité était fréquemment compromise par des émeutes populaires, n'avait elle-même pris l'initiative d'une mesure de salut public. Elle élut comme bey, en 1705, un homme distingué, Hussein-ben-Aly, qui a été la tige de la maison actuellement régnante.

La dynastie des Hussein-ben-Aly a été très glorieuse pour Tunis. Remarquables par la sagesse de leur esprit et la générosité de leur caractère, ces princes se sont efforcés de réparer les funestes effets des révolutions de palais et des successions violentes du pouvoir.

Hussein-ben-Aly régna d'abord paisiblement. Il fut longtemps sans enfants; il avait même adopté son neveu Aly-bey pour son successeur, lorsque, ayant épousé une génoise d'une grande beauté qui avait embrassé l'islamisme, il en eut successivement trois fils : Mamoud-bey, Moahmed et Aly-bey.

Pour dédommager son neveu qui se trouvait ainsi exclu du trône, Hussein le fit nommer pacha par la Porte, et dès lors Aly-bey prit le titre d'Aly-pacha. Toutefois, trompé dans ses espérances de succession au trône, Aly-pacha se révolta, s'enfuit un jour de Tunis, et à la tête d'un parti qu'il s'était fait secrètement il vint attaquer Hussein-ben-Aly. Ayant été battu, il se rendit à Alger dont il engagea les habitants à marcher sur Tunis : ceux-ci remportèrent en 1735 une victoire sur Hussein-ben-Aly qui se réfugia au Kaïrouan, et lutta cinq ans encore contre son neveu ; mais Younès-bey, fils d'Aly-pacha, ayant surpris Hussein-ben-Aly comme il cherchait à se rendre à Alger, l'assassina.

Aly-pacha si cruellement vainqueur régna quelques années. En 1741 il s'empara de l'île de Tabarca, et réduisit en esclavage tous ses habitants (1). Mais il eut peu après le chagrin de voir la discorde s'élever entre ses trois fils, et il finit par être détrôné par le bey de Constantine qui arriva devant Tunis à la tête de troupes nombreuses, fournies en grande partie par le dey d'Alger, Aly-Tchaouy, qui avait pris cette fois le parti des enfants d'Hussein-ben-Aly. En 1756 nous voyons Aly-Pacha étranglé, ses fils mis en fuite, Tunis saccagée et Moahmed-bey, fils d'Hussein, replacé sur le trône de son père.

Ce bon prince régna seulement deux ans et demi. Comme il mourut ne laissant que deux fils en bas-âge, Mahmoud et Ismaël-Bey, leur oncle, Aly-Bey, prit en

---

(1) Cette ile, à trente-huit lieues ouest de Tunis, était peuplée de génois qui se livraient à la pêche du corail. Elle appartenait au marquis Lomellini qui l'avait héritée des princes Doria, et qui cherchait à s'en défaire. La Compagnie royale d'Afrique, créée à cette époque par édit du roi de France, se proposant d'en faire l'acquisition, entra en négociations avec le propriétaire ; mais cette nouvelle fût ébruitée et parvint à Tunis, qui à cette époque venait de rompre avec la France. Aly-Bey résolut de s'opposer à ce que Tabarca fût occupée par les Français, et il se décida à l'attaquer. Son fils Hussein fut chargé de cette expédition, et Tabarca ayant été prise, huit cent quarante habitants furent emmenés prisonniers.

mains les rênes du gouvernement au nom de Mahmoud, l'aîné de ses neveux ; et, par le fait, Aly-Bey exerça le pouvoir souverain jusqu'à sa mort, en 1782.

Ce fut pour Tunis une ère de prospérité. Le commerce et l'industrie prirent un développement considérable sous l'impulsion qu'imprima aux affaires le nouveau bey. Les garanties d'ordre et de sécurité que donnait à ces deux éléments de la fortune publique un pouvoir ferme et résolu attirèrent en Tunisie un grand nombre de commerçants étrangers. Aly-Bey dont la loyauté de caractère devait se manifester bientôt d'une manière éclatante encourageait le négoce sous le régime de conventions internationales qu'il faisait respecter. Tunis compta bientôt plus de 150,000 habitants.

Cependant la république de Gênes, ne pouvant contenir les révoltes fréquentes de la Corse, alors en guerre avec la Régence, cédait cette île à la France, par le traité de Compiègne, sous le ministère de Choiseul, en 1768. Cette cession, à laquelle s'ajoutèrent des difficultés diplomatiques d'un autre ordre, amenèrent une rupture éclatante entre la France et Tunis. Des bâtiments corses ayant été capturés depuis que l'île était devenue française, le bey refusait de les rendre.

En outre, quelques navires au pavillon français bloquaient depuis vingt-cinq jours le fort de la Goulette, quand un petit vaisseau tunisien ayant voulu y entrer, les Français tirèrent sur lui à boulets, et le forcèrent à s'échouer. Alors les négociants français établis à Tunis, redoutant les conséquences de la guerre, sollicitèrent du souverain la faveur de se retirer dans leur pays. Cette autorisation leur fut accordée, et ils s'embarquèrent à la Goulette sur des bâtiments de leur nation. Pour préserver leurs intérêts commerciaux, le consul de France, M. de Saïrieu s'étant retiré à bord d'un bâtiment français, le bey Aly ordonna que des gardiens fussent établis dans leurs maisons et magasins jusqu'au rétablissement de la paix.

Il se trouvait encore à Tunis plusieurs capitaines marchands dont les bâtiments étaient ancrés à la Goulette; ils sollicitèrent la même faveur qui venait d'être accordée aux négociants français, celle de regagner leur bord, et ils n'éprouvèrent aucune difficulté à l'obtenir. La conduite du bey fut en ces conjonctures des plus loyales et des plus humaines, car il ne lui vint pas à la pensée de retenir, ni de faire prisonniers des gens venus à Tunis en pleine sécurité et sur la foi des traités.

De nouvelles complications étant survenues, la guerre paraissait inévitable. La compagnie royale d'Afrique était fort mal vue, on lui contestait le droit de pêche du corail. De plus, une altercation violente entre les capitaines de deux navires, l'un de guerre, tunisien, et l'autre de commerce, français, dans laquelle le capitaine français avait été accablé de coups par le tunisien, mit le feu aux poudres.

L'escadre française, commandée par le comte de Broves, mouilla à la Goulette le 21 juin 1770. Comme elle

ne comptait pas vingt navires de guerre, on crut devoir
parlementer, et une correspondance s'engagea avec le
gouvernement tunisien ; mais on ne s'entendit pas, et
l'escadre se mit à bombarder les villes de la côte. Sur
ces entrefaites arriva à Tunis un envoyé extraordinaire
de la Porte, qui aplanit le différend entre les deux puissances ; un traité fut signé, et l'escadre rentra en France.
Le bey s'engageait à rendre les Corses faits esclaves
depuis l'incorporation de l'île à la France, à permettre
encore pendant cinq ans la pêche du corail et à faire
punir le capitaine tunisien qui avait frappé le capitaine
français.

Peu de temps après, le bey envoya une ambassade en
France, qui fut reçue avec beaucoup d'honneur et de
distinction et qui rapporta à Tunis de riches présents
du roi de France.

A la mort d'Aly-Bey, son fils Hammouda-Pacha monta
sur le trône. Ce jeune prince devint très populaire ; de
bonne heure il donna des preuves d'un génie extraordinaire. Son père l'avait initié dès son jeune âge à la pratique du droit ; grâce à cette direction et aux inspirations
d'une intelligence précoce, Hammouda, dont le lit de
justice était placé vis-à-vis celui d'Aly-Bey, rendait des
jugements empreints de la plus sévère équité.

On pouvait en appeler des jugements du fils au tribunal du père, et cependant les justiciables usaient rarement de cette faculté, parce qu'ils comprenaient eux-
mêmes que les décisions en premier ressort du jeune ma-

gistrat étaient l'expression d'une justice distributive impartiale.

Devenu bey, Hammouda-Pacha gouverna ses États pendant trente-deux ans, avec autant de sagesse que de perspicacité. Il continuait à rendre la justice d'une manière toute patriarcale, accueillait avec bonté les causes les moins intéressantes. On cite de lui les traits suivants :

Un maure avait perdu une bourse contenant vingt pièces d'or. Un homme riche, généralement estimé par sa probité, l'ayant trouvée, la lui reporta aussitôt, mais le maure, croyant l'occasion favorable pour se procurer un gain illicite, soutint que la bourse perdue contenait non pas vingt pièces d'or, mais cent. Une querelle s'engagea et le différend fut porté devant le bey.

Celui-ci, un instant embarrassé, demanda à voir la bourse et eut l'idée de faire apporter cent pièces d'or pour les placer dedans. Mais la bourse n'en ayant pu recevoir qu'environ cinquante, le bey, qui découvrit ainsi la tromperie, la donna à celui qui l'avait trouvée. Quant au maure, qui avait réclamé ce qui ne lui était pas dû, il lui défendit de jamais reparaître à l'avenir devant son tribunal.

Un autre fois un maure lui porta plainte contre un autre maure qui, prétendait-il, ne voulait pas lui payer une somme qui lui était due depuis fort longtemps. Le débiteur, appelé à se justifier, dit avoir bien fait son devoir et avoir porté maintes fois la somme à la maison de son créancier, mais sans avoir jamais pu y trouver ce dernier, qui en était constamment absent. Le bey ayant interrogé le plaignant et lui ayant demandé s'il avait un endroit fixe où il demeurât quelques heures de la journée, celui-ci répondit négativement, et convint qu'il ne faisait toute la journée que se promener d'un côté et d'un autre. Alors le bey, qui comprit que le créancier avait cherché par malice à faire un mauvais parti à son débiteur, le condamna à passer quelque temps en prison afin qu'on sût où le trouver pour lui porter son argent; sur quoi le créancier se vit, en effet, forcé de rester, bien malgré lui, pendant huit jours en prison.

Hammouda-Pacha mourut en 1814. Othman-Bey, son fils, lui succéda, mais il ne régna que quelques mois.

Le pouvoir échut ensuite à Mahmoud, fils de Hammouda-Pacha, qui monta sur le trône en 1814 et l'occupa jusqu'en 1824. Mahmoud associa, dans l'intervalle, aux honneurs et aux charges du gouvernement, son fils Hussein-Bey. Princes libéraux et humains, dans un pays et à une époque où, en politique comme en religion, les idées autoritaires ne souffraient guère de tempérament de la part des souverains, Mahmoud et son fils abolirent, en 1876, l'esclavage des chrétiens (1). Ce fait seul suf-

---

(1) Pendant les XIII⁰ et XIV⁰ siècles, les Princes de Tunis avaient fait avec succès la guerre aux chrétiens, qu'ils emmenaient par milliers en esclavage. Ils eurent de fréquents démêlés avec les chevaliers de Malte, et des Européens de toute nation tombèrent en leur pouvoir.

fit pour illustrer leur règne, qui fut du reste une époque de prospérité.

Après la mort de Mahmoud, Hussein resta seul maître du pouvoir. L'armée manquait de discipline, il la réorganisa sur des bases plus conformes aux exigences du temps et des armes qui étaient mises à sa disposition. Homme d'esprit, il accueillit avec toutes sortes de distinctions les savants, entre autres le prince de Puckler-Muskau, qui vinrent sous son règne visiter ses Etats. Hussein-Bey mourut en 1815, emportant dans la tombe les regrets de son peuple et le respect universel qu'il méritait bien.

Mustapha-Bey succéda à son frère Hussein, mais il ne régna que deux ans.

A sa mort, en 1837, Ackmed-Bey prit les rênes du gouvernement. Il signala son avènement au trône par l'abolition de l'esclavage des hommes de couleur, tout autre esclavage ayant déjà disparu antérieurement (1). Les Juifs étaient, avant lui, accablés de mépris et de persé-

---

Pendant les siècles suivants beaucoup d'Italiens furent réduits en esclavage, et c'est depuis lors que l'Italien est considéré comme langue officielle dans la Régence.

(1) En 1842 une famille entière, mari, femme et enfants, pour échapper aux mauvais traitements de leur maître, avaient cherché un asile auprès du Consulat général de France. Le chargé d'affaires demanda leur liberté, et l'illustre Ackmed-Bey non seulement céda aux demandes du représentant de la France, mais encore déclara libre, à l'avenir, tout enfant qui naîtrait de parents esclaves et donna lui-même la liberté à tous les esclaves de sa maison.

cutions; on les parquait dans des quartiers séparés, sortes
de ghettos, comme des lépreux dont on craignait la présence immonde. Ackmed les émancipa en. les relevant
des interdictions et des règlements marqués au coin de
l'intolérance qui avaient été rendus contre eux. Dans un
moment de disette, il fit faire de nombreuses distributions
de blé aux pauvres, sans distinction de culte, et les chrétiens et les juifs reçurent, aussi bien que les Maures et
les Arabes, leur part de ces largesses, sans aucune inéga-
lité pour les uns ou pour les autres.

Prince courageux et brave sans être orgueilleux ni
fanfaron, il ne craignit pas, pour l'honneur de son peuple,
d'entrer en lutte avec le roi de Sardaigne dont la force
militaire n'était pas, du reste, supérieure à la sienne. « Si,
« disait-il lors des préparatifs de guerre, c'était avec la
« France ou l'Angleterre que je fusse en démêlé, je bais-
« serais la tête; mais je résisterai jusqu'à la dernière
« goutte de mon sang, vis-à-vis d'une puissance avec la-
« quelle je suis de taille à me mesurer. »

Il était ingénieux et adroit dans la manière dont il rendait la justice, en même temps qu'il était toujours dis-
posé à réparer un oubli ou un jugement précipité.

Une pauvre femme se plaignit un jour à lui que des
voleurs lui prenaient sur l'arbre les figues qu'elle voulait
vendre. Ackmed se chargea de découvrir lui-même les
auteurs du méfait. Mais il lui ordonna d'abord d'introduire un grain de blé dans chaque figue et d'attendre.

La bonne femme exécuta cet ordre sans en comprendre la portée. Deux jours après, Ackmed fit acheter par les domestiques du palais toutes les figues qui se trouvaient sur les marchés de Tunis. Or, celles que livra un certain marchand contenait le grain de blé révélateur, il fut condamné à une forte amende au profit de la pauvre femme.

Une autre fois Ackmed, avait rendu un jugement d'impatience sans avoir prêté une suffisante attention à son justifiable, qui se mit aussitôt à prier. «Que demandes-tu à Dieu, lui dit le prince? » — « Qu'il te juge comme tu m'as jugé, lui répond le plaignant ». — Redis ta plainte, répliqua le bey, j'ai peut-être mal compris ». Le pauvre homme redit sa plainte, et cette fois le bey lui rendit bonne justice.

Ackmed-Bey fut très apprécié et aimé de tous ceux qui l'entouraient.

Il mourut au mois de mai 1855 après un règne de dix-huit ans.

Son cousin, Sidi Mohammed-Bey, continua les traditions libérales de ses prédécesseurs. A peine monté sur le trône, la guerre de Crimée éclata.

Tout le monde connaît l'origine de cette expédition, à laquelle la Régence de Tunis prit une large part.

Depuis 1815, la Russie exerçait une prépondérance que le gouvernement du Czar Nicolas, personnification d'un système de compression et de conquête, avait rendue menaçante. En Allemagne, il avait appuyé les souverains dans leurs résistances aux vœux des peuples, et il

était à peu près arrivé à dénationaliser la Pologne, dont
la possession lui avait été assurée par les traités de
1815.

A l'égard de la France, il n'avait rien tenté directement,
mais il n'avait jamais pardonné à la royauté de 1830,
d'être sortie d'une émeute populaire dont le retentisse-
ment avait ébranlé tous les trônes de l'Europe.

Il avait affecté, dans plusieurs circonstances, un pro-
tectorat hautain sur les sujets chrétiens de l'empire
turc, pensant ainsi s'y faire un parti ; voyant que les sou-
lèvements qu'il espérait n'aboutissaient pas, il essaya de
s'entendre avec l'Angleterre pour partager avec elle les
dépouilles du sultan.

L'Angleterre ne répondant pas à ses avances, il
commença les hostilités, fit occuper les principautés
danubiennes, et arma à Sébastopol une flotte qu'on disait formidable. On connaît la suite.

La tour de Malakoff fut enlevée le 8 septembre 1855,
et les Russes évacuèrent Sébastopol après avoir soutenu
pendant plus d'un an le plus terrible siège qu'on ait vu
dans les annales de l'histoire moderne.

Les soldats tunisiens, dans cette lutte, tinrent haut et
ferme le drapeau national. A côté des soldats de la France
ils combattaient pour la civilisation et l'indépendance
contre les empiètements ambitieux d'un despote.

Deux ans après, le 20 Maharrem 1274, Sidi-Mohammed
octroyait à ses sujets une constitution modelée sur les
constitutions monarchiques d'Europe, dont l'application

rencontra chez quelques sectaires fanatiqnes une résistance armée. Et cependant ces lois constitutionnelles, que
j'ai analysées et reproduites dans les chapitres III et IV,
devaient bientôt créer le courant d'idées libérales qui
règnent à Tunis et rendre possibles dans le vieux foyer
du fanatisme oriental tous les progrès de l'Occident.

Mohammed mourut au mois de septembre 1859 vivement regretté de tous ses sujets.

Tunis doit à ce prince la création d'une école d'arts et
métiers, dont la direction fut confiée à un français, ainsi
que l'institution des rondes de nuits et des patrouilles militaires, si utile pour la sécurité publique, surtout dans la
partie mauresque, où il était imprudent de s'aventurer
après le coucher du soleil.

Son frère, Sidi-Mohammed-ès-Sadoc, lui succéda.
Petit-fils, fils, neveu et cousin des beys qui l'ont précédé,
il n'est pas moins remarquable qu'eux par sa sagesse, son
intelligence, son esprit de justice et d'équité.

Avant de prendre les rênes du gouvernement, il prêta,
le vingt-cinquième jour du mois de Sfar 1276, le serment
prescrit par l'article 9 de la loi organique du royaume,
« de ne rien faire de contraire aux principes du pacte fondamental et aux lois qui en découlent et de défendre l'intégrité du territoire tunisien. »

Dès ce moment, la constante préoccupation de son
Altesse fut de poursuivre les réformes empruntées aux
gouvernements de l'Europe, compatibles avec l'état politique de la Régence et les aspirations de ses sujets.

. Pour développer les principes fondamentaux de la constitution et leur donner une sanction par la pratique, il établit la conscription militaire, un système d'impôts imité de la France, ainsi qu'une législation commerciale se rapprochant beaucoup du libre échange.

Non moins soucieux des intérêts privés que de l'intérêt général, il avait tenté d'organiser l'administration de la justice sur les bases de nos tribunaux européens. Une procédure lente et progressive offre, en effet, plus de garantie aux accusés qu'une justice sommaire dont l'application peut exposer le juge à des erreurs quelquefois irréparables; mais il rencontra une telle opposition de la part des Arabes, pleins de confiance dans l'infaillibilité de leurs juges, qu'il dut renoncer à introduire cette réforme. L'œuvre qui recommande particulièrement le Bey à la reconnaissance de ses sujets et au souvenir de la postérité est le rétablissement du fameux aqueduc de Carthage.

Tunis, près la mer, était comme la cité punique, exposée à souffrir de la pénurie d'eau potable en temps de sécheresse. Les Phéniciens, en Afrique comme en Asie, se contentaient de recueillir l'eau des pluies dans des citernes. La citerne joue, en effet, un grand rôle dans la vie orientale et dans la poésie biblique. Sous l'empereur Adrien, il arriva que le ciel fut d'airain pendant cinq années consécutives. La disette fut effroyable ; les souffrances des Africains émurent l'empereur, qui résolut dès lors de conduire à Carthage les eaux d'une montagne éloignée de douze lieues, que l'on nomme aujourd'hui le Zaghouan. La source du Zaghouan ne parut point suffisante ; on alla en chercher une autre beaucoup plus loin, dans le mont Djouggar, qui tire son nom de l'antique Zucchara. Ainsi l'abondance et la richesse furent amenées en triomphe sur des arcs hauts quelquefois de quarante mètres, qui traversent les collines, les plaines et les vallées par une course de plus de trente lieues (1)

En 1859, M. Colin, ingénieur civil, fut chargé par S. A. le Bey de rétablir l'aqueduc romain, en tant qu'on pourrait l'utiliser, pour amener les eaux des sources principales du Zagouhan et du Djouggar à Tunis; une somme de 7.800.000 francs fut allouée à ce travail, qui fut réellement terminé en moins de trois années, c'est-à-dire en 1862.

(1) A côté de l'histoire, il y a la légende. Les Arabes racontent qu'au temps de la puissance de Carthage, un roi voisin, bon musulman par anachronisme, osa demander à un sénateur Carthaginois la main de sa fille aînée. Le Sénateur, voulant railler une telle prétention, lui répondit qu'il obtiendrait sa fille s'il amenait à Carthage les eaux réunies du Djouggar et du Zaghouan. Le prince qui était immensément riche, fit commencer l'aqueduc. Le travail fut long, et au moment où les Carthaginois se prenaient à admirer une persévérance qui leur était si profitable, la jeune fille mourut. Cette fois ce fut le père qui offrit la main de la sœur cadette, à condition que l'aqueduc fût achevé. Il le fût, et le mariage eut lieu.

Je dois ajouter que j'ai entendu raconter la même légende, avec quelques variantes, au sujet du conduit souterrain qui reliait dit-

Cette œuvre gigantesque se résume par la construction
de 87,899 m. 60. d'aqueduc maçonné et 43.070 mètres
de tuyaux posés sous terre, soit un développement total
de 130.969 m. 60, comprenant : 40 ponts, 79 ponceaux,
162 passages en dessus à niveau, 7 constructions renfermant les appareils nécessaires pour régler les eaux des
siphons, 6 canaux de décharge et 7 réservoirs avec échel-
les de jauge.

Dans tout le parcours du canal jusqu'à Tunis, on a
suivi l'aqueduc des Romains, sauf sur la branche du Djouggar.

Les dépenses exorbitantes que nécessitait l'exécution
de ce grand travail hydraulique ont sans doute contribué
beaucoup à ébranler les finances de la Régence de Tunis;
mais il n'en est pas moins vrai que la nature même de
ces dépenses place le Bey dans une position bien supé-

---

on, les arènes d'Arles à celles de Nîmes. Elle remonte probablement à l'occupation sarrasine. D'autre part, l'admirable poëte des
Isclo d'or attribue la même légende à la reine *Pounsirado*, dont un
empereur romain était éperdument amoureux :

> Eh bèn, diguè la rèino,
>   Sièù à tu
> E jure, malapèino !
>   Ma vertu,
> Que tièuno sieu de-bon
> S'à travès Crau e Trebon
> De Vaucluso sus un pont
>   M'aduses la font.

L'aqueduc fut construit, mais Ponsirade fut infidèle à sa pro-
messe.

rieure à celle de tous ces souverains ruinés que l'Europe
s'efforce aujourd'hui de soumettre à sa tardive tutelle ;
car, tandis que ces princes ont complètement épuisé leur
pays, pour satisfaire à leur vanité ou à leurs insatiables
convoitises et à leurs débauches, le Bey, au moins, peut
signaler avec un légitime orgueil le gigantesque monument qu'il a élevé à la civilisation, bien qu'en cédant à
cette noble inspiration il n'ait pas consulté ses propres
ressources.

Dans ces dernières années des incidents de toute nature ont appelé l'attention publique sur Tunis. La concession faite à M. de Sancy et celle des chemins de fer
de Tunis à la Goulette ont été l'origine de difficultés
qui ont reçu une solution aussi satisfaisante que possible,
grâce à l'habileté et à l'expérience de M Roustan, ministre
plénipotentiaire de France auprès de S. A. le Bey. Plein
d'affabilité dans ses relations personnelles, caractère modeste, et travailleur infatigable, nul ne sait en effet mieux
que M. Roustan apprécier la grandeur de nos intérêts
dans la Régence et s'en faire à la fois l'avocat convaincu
et le protecteur énergique.

Certes, plus que tout autre, nous regrettons le frois-
sement momentané que ces incidents ont produit entre
deux nations aussi étroitement apparentées que l'Italie
et la France, mais nos amis de la Péninsule compren-
dront bientôt, nous l'espérons, qu'il est d'autres régions
et d'autres perspectives ouvertes à leur esprit d'entre-

prise auquel nous applaudirons partout ailleurs que sur ce terrain réservé.

Ce n'est que pour mémoire que je rappelle des faits qui se sont accomplis récemment, dont la presse a fait connaître les détails. Ils ont eu l'avantage de fournir au Bey et à Son Excellence Si-Mustapha-Ben-Ismaïl, son premier ministre, l'occasion de manifester leurs sympathies pour la France.

CHAPITRE DEUXIÈME

TUNIS

LA GOULETTE — LE LAC EL-BAHEIRA — LES SOUKS — LA KASBAH — LE DAR-EL-BEY — LES CONSTRUCTIONS — LES COSTUMES — LE CLIMAT.

Quand on arrive à Tunis directement de l'Europe, on éprouve une vive impression au souvenir du monde ancien qu'on vient de quitter, devant les étonnements que produit un monde nouveau.

A l'aspect de Tunis hérissée de minarets et de mosquées, on se croit dans une ville vraiment orientale où l'élément européen ne domine plus en vainqueur. Cependant ceux qui connaissent les splendeurs de l'Orient telles que les déploient Constantinople, le Caire, Smyrne, Bagdad, etc., remarquent que Tunis n'est que le reflet à teintes indécises de ce monde féerique. Tunis est trop près de nous; elle est sous les dernières lueurs de la civilisation orientale à l'aurore d'une civilisation nouvelle.

Néanmoins « Tounès-el-Kadra », Tunis la glorieuse,

comme l'appellent les Arabes, mérite certainement le titre de reine des cités mauresques, car de toutes les villes du continent africain c'est celle qui possède au plus haut degré le cachet de l'Orient, et elle semble justifier le proverbe des maures tunisiens qui prétendent que lorsqu'on a bu une fois de ses eaux, ou respiré de son air, on ne peut faire autrement que d'y revenir. Aussi l'appellent-ils la glorieuse (El-Kadra), la verdoyante (El-Zahera), la bien-gardée (Tounès-El-Chattrah); le séjour de félicité, l'industrieuse, la florissante, ou encore la blanche, comme la nomme Diodore de Sicile.

Elle est, par sa situation géographique, entre le 33° 10' et le 37° 12' de latitude Nord, et le 5° 30' et le 8° 55' de longitude Est.

En arrivant par mer dans le golfe de Tunis, on jouit d'un magnifique spectacle. Et d'abord le golfe lui-même et la vue du port sont splendides; le premier a été comparé au Bosphore. Les paquebots jettent l'ancre en face de la Goulette. On aperçoit bientôt le délicieux village de Sidi-bou-Saïd, pittoresquement posé sur un rocher qui avance dans la mer, et d'où la vue est véritablement féerique; c'était le cap de Carthage. Plus loin, les ruines éloquentes de la fameuse cité punique, son admirable aqueduc, le palais de l'aristocratie tunisienne, la chapelle Saint-Louis (1), enfin la promenade du Belvé-

(1) La chapelle Saint-Louis est bâtie sur l'emplacement où l'on présume que mourut ce roi de France, qui périt de la peste en 1270,

dère, charmant mamelon planté d'oliviers, et rendez-
vous de la société européenne.

A gauche s'étendent de hautes chaînes de montagnes
disposées en amphithéâtre, formant une perspective des
plus grandioses et s'étendant jusqu'au cap Bon. Ce sont
les sommités de l'Hamman-Lif, du Djebel-Reças et les
pics élevés du Zagouan, qui se détachent sombres et
bronzés sur un ciel de l'azur le plus vif et le plus pur.
Plus près, le village de Rhadès où Régulus battit Han-
non, et des mamelons verdoyants, sur l'un desquels est
gracieusement posté le fort Sidi-bel-Hassen entre deux
monuments sacrés dédiés à de saintes princesses mu-
sulmanes, la Kbira et la Manoubia, au sommet eux-
mêmes de vertes et riantes collines.

Dès que le voyageur qui a quitté son bord, est monté sur
une espèce de grand canot, il entre dans la Goulette, canal de
jonction entre la mer ou golfe de Tunis et le lac Salé qui y fait
suite. A l'une des extrémités de ce canal se trouvent des ruines d'épaisses murailles romaines de la plus étonnante

au moment de partir pour la dernière croisade. Le bon sire de
Joniville rapporte que son maître était venu « devant le chastel de
Carthage », parce qu'il s'était flatté de voir « le roy de Thunes se
chrestienner luy et son peuple. »

Vue de loin, cette chapelle offre l'aspect le plus gracieux; mais,
lorsqu'on en approche, on trouve son architecture mesquine. Ses
fondations s'appuient sur les bases d'un temple d'Esculape; d'autres prétendent que c'est sur l'emplacement du palais de Didon.
Le roi Louis-Philippe a obtenu des Beys de Tunis la concession
de ce plateau de Byrsa, où, selon la tradition rapportée plus haut,
saint Louis a rendu le dernier soupir.

solidité ; on rencontre au milieu un grand nombre de bâtiments de commerce de toutes les nations ; puis d'un côté une forteresse avec des canons du plus beau travail, ornés du lion de Saint-Marc, cadeau de la République vénitienne au souverain Sidi-Mohammed, et de l'autre un palais demi-circulaire que Ackmed-Bey avait fait construire. Enfin à l'extrémité opposée du canal on découvre la petite ville de la Goulette, avec sa citadelle bâtie par Charles-Quint, ses soldats, ses marins, ses douaniers.

Le lac de Tunis, qui a fort peu d'eau, est couvert, surtout aux jours d'arrivée des courriers de Marseille, Gênes, Malte, Alexandrie, de fort grandes barques aux voiles latines appelées *sandales,* offrant le coup d'œil d'une sorte de régate. En avançant vers le port ces barques dispersent des troupes nombreuses de beaux flamants roses, dont quelques-uns ont six à sept pieds de longueur, et des multitudes de grèbes, de mouettes, de sarcelles, de cormorans, de canards et de pigeons sauvages. Ce lac, nommé El-Baheira, dont l'étendue est considérable, mais l'eau peu profonde, semble, vu du large, se confondre avec la mer. Tout au plus soupçonne-t-on l'existence d'une étroite langue de terre au bord de laquelle sont construites quelques maisons. Illusion de la perspective ! Le lac de Tunis est séparé de la rue par un très large espace. Il y a entre les deux rives des maisons de campagne, de grands jardins et des champs cultivés. A mesure que l'on s'éloigne de la Goulette l'espace s'élargit. Bientôt on aperçoit au loin l'entrée de citernes à demi comblées; ce sont les restes de Carthage.

La grande cité punique s'étendait, dit-on, jusque dans la plaine qui borde le lac, et même occupait une partie du sol envahi par les eaux. Si l'on draguait El-Baheira, peut-être trouverait-on plus de monuments carthaginois qu'on n'en a jamais découvert sur les collines où se voient les débris de la ville.

Après avoir dépassé les rivages de la Goulette au sable d'or, et un îlot nommé Chilkli, petit fort maintenant abandonné et pittoresquement placé au milieu du lac, on aborde au quartier de la Marine, situé à un quart d'heure à peine de la principale porte d'entrée de la ville, soit Bab-el-Bahar (porte de la mer ou de la marine), qui est du plus beau type mauresque moderne. Des deux côtés, en dedans et en dehors de la ville se trouvent des places publiques. En dehors et dans le faubourg est la place du marché où se pressent et s'entassent toutes les nationalités et tous les costumes, toutes les variétés d'animaux et toutes les marchandises du pays.

Ce marché a lieu chaque jour, de grand matin, et il dure souvent toute la journée; l'animation y est telle qu'il est quelquefois difficile d'y fendre la foule d'exhibitions de singes savants, de jongleurs, de prestidigitateurs nègres, de marchands ambulants et d'industriels de toute sorte dont ce lieu est le rendez-vous. Parmi ces derniers on remarque un grand nombre

6

de petits garçons maures qui, vendant de l'eau fraîche, tiennent à la main un grand verre de cristal de Bohême, ciselé, bleu, vert, rouge ou jaune, dans lequel ils offrent et font boire leur précieux liquide ; celui-ci est renfermé dans des gargoulettes, sortes de jarres en terre cuite, où l'eau se conserve assez froide pour que ces jeunes mauricauds se permettent d'annoncer, sur le mode majeur, « eau à la glace. »

Les faubourgs sont remplis de marchands indigènes de toute espèce et de voituriers maltais ; on y trouve aussi des sculpteurs de marbre ou d'albâtre, et un grand et élégant café mauresque avec jardin, kiosques, et musique ou chants avec accompagnement obligé de la durbakka, de la mandoline arabe, de la flûte de roseau, et du tambour de basque ou tam-tam.

Tunis est admirablement située. Ceinte de murailles fort épaisses dont les portes se ferment tous les soirs, elle est environnée de mamelons fortifiés. Elle se divise en quartier maure, en quartier franc ou européen et en quartier juif.

Lorsqu'on a franchi la porte de la Marine, on trouve la place de la Bourse ou du quartier franc, la plus grande de Tunis. Là, tous les jours, les négociants du pays vont, viennent, achètent, vendent ou causent de leurs affaires ; et les voitures qui ne peuvent pénétrer dans les rues trop étroites, s'y arrêtent amenant des indigènes, musulmans, chrétiens, israélites, ou emportant de nombreux touristes, munis de leurs provisions, de leurs ar-

mes, et de tous les échantillons antiques qu'ils ont re-
cueillis à Carthage, à Oudna ou à Utique.

La vie et l'activité règnent sur cette place, bigarrée des
produits humains ou inanimés de l'Afrique, de l'Europe
et de l'Asie.

Dans le quartier franc qu'on nomme Sidi-Morgiani,
résident tous les consuls étrangers, représentants de dix
ou douze pays divers, comme aussi les principaux négociants et en général les Européens. Le dimanche les consuls font hisser leurs pavillons ; ce jour-là Tunis offre
un coup d'œil charmant. Depuis le Belvédère ou toute
autre localité un peu élevée, lorsqu'on contemple cette
immense cité à l'aspect pittoresque et grandiose, avec
ses gracieuses coupoles et ses élégants minarets, ce quartier franc tout pavoisé, ces forteresses et ses murailles
crénelées, ces palais, ces terrasses et surtout ces sites
variés, ces horizons radieux, ces panoramas aux tons
chauds, ce ciel d'un bleu étonnant et indescriptible, on
se sent en plein Orient dans la Constantinople africaine,
surtout au printemps, alors qu'un temps perpétuellement
beau a fait oublier les pluies de janvier, que la riche
végétation du pays étale toutes ses splendeurs, et que
l'air si pur et si léger est parfumé par les exhalaisons bal-
samiques qui s'élèvent de toutes parts.

Le vendredi, jour sacré de l'Islam, Tunis est pavoisée
de drapeaux aux armes et aux couleurs de l'État, qui
flottent sur les mosquées, les établissements publics et
les palais du souverain.

Dans le faubourg même, non loin de Bab-el-Bahar et près de Bal-el-Carthagène, au bord de la route et dans un coin du cimetière musulman, on peut voir un petit mausolée sacré, qui est surmonté d'une coupole où brille le croissant, et qu'on appelle marabout ou kouba. Ce mausolée est entouré d'un petit jardin de quatre ou cinq mètres carrés, où croît une herbe tendre. C'est le tombeau du dernier Abencerrage ou tout au moins c'est le tombeau que Chateaubriand désigne comme étant le lieu de sépulture d'Aben-Hamet, l'héroïque amant de dona Blanca de Bivar. Les Maures le nomment Sidi Sfian. Mais le palmier, mentionné par l'auteur d'*Atala* et de *Réné*, a péri depuis longtemps, et le monument lui-même menace ruine.

Dans le quartier européen on trouve des maisons construites avec goût mais trop élevées; on peut citer comme assez gracieuse la demeure du consul général d'Angleterre, Sir Richard Wood, sur la place de la Bourse.

Il s'y trouve pour les familles d'ouvriers pauvres, des fondoucks, sortes de phalanstères dont les habitants sont pour la plupart maltais, ou bien encore grecs et italiens. Chaque famille à son petit logement particulier, dont les portes, ayant toutes issue dans la cour intérieure, font ressembler le fondouk à une espèce de couvent avec ses nombreuses cellules de moines.

Dans la ville maure chaque caravane à son fondouk:

or il y a les caravanes de Biserte, de Souza, de Sfax, et des autres villes de la Régence.

C'est dans la ville maure que l'on trouve les immenses bazars où se vendent les produits tunisiens et orientaux. Plusieurs jours de la semaine, et dès le matin, a lieu une vente à la criée de toutes les marchandises, de tous les objets divers qu'il est possible d'imaginer. Cette vente a lieu dans le Souk, grande et large rue couverte, à portiques et à colonnades à bandeaux alternativement verts et rouges. Chacun crie à tue-tête le nom de l'objet qu'il veut vendre avec son prix, et cela tout en montant ou descendant la rue et se frayant un passage au milieu de la foule affairée. Quelques-unes de ces rues sont larges, mais se terminent souvent par des impasses étroites et tortueuses, ou des passages voûtés, obscurs et boueux, qui ne permettent point la circulation des voitures. En plusieurs endroits les maisons tombent en ruines, et les rues sont désertes; dans d'autres, au contraire, l'animation règne au plus haut point.

Les rues de Tunis ne sont pas uniformes; plusieurs sont ornées de portiques élégants, quelques-unes ont de l'analogie avec les rues de Pompéi, d'autres avec les ruelles des villes actuelles de l'Italie.

Peu de gens les parcourent à une heure avancée: ceux qui vont et viennent après la retraite doivent être munis d'une lanterne. C'est un spectacle curieux pour un étranger qui a pris le thé au quartier franc, dans quelque famille de la société européenne, et qui rentre à

l'hôtel, escorté lui-même d'un domestique porteur d'un
énorme reverbère, de rencontrer pendant ce trajet, munis d'une lanterne, de graves Maures, des officiers at-
tardés, des juifs affairés, des touristes anglais, de res-
pectables consuls, des négociants en frac, ou des dames
élégantes revenant de soirée qui enjambent lestement
les boues, les ruisseaux, les canaux d'eaux grasses, ou
les amas de poussière et les balayures étalés négligem-
ment au milieu des rues.

Les professions spéciales ont leur quartier particulier,
chacune a le sien : les armuriers qui fabriquent les yata-
gans et les couteaux-poignards; les tailleurs qui confec-
tionnent des vestes rose-tendre, bleu de ciel, vert-pomme,
et jaune-canari, ornées de broderies d'or ou d'argent:
les bonnetiers qui mettent la dernière main aux fameu-
ses chéchias ou fez de Tunis ; les selliers qui assemblent
l'or, l'argent et la soie sur le velours ou le maroquin
pour en fabriquer des selles élégantes et des harnais d'un
goût exquis avec ornements d'argent massif; les me-
nuisiers qui font de jolies boîtes ou de gracieuses étagè-
res couvertes d'or, aux couleurs les plus vives; les
cordonniers qui brodent la babouche avec des soies
éclatantes. On voit des rues entières de marchands qui
vendent des coffres de nacre ou d'écaille, des bijoux du
Levant, des essences de rose et de jasmin qui embau-
ment l'atmosphère ; des tissus merveilleux brodés d'or
et faits à la main, des étoffes de soie de toute espèce, des
haïks, des tapis, des burnous grossiers au poil de chè-

vre ou de chameau, ou des burnous fins garnis de franges et de nœuds de soie brillante; des couvertures de laine aux dessins variés et bizarres, ou aux larges raies vertes, rouges, bleues et blanches.

Dans plusieurs rues et bazars on voit de sveltes palmiers qui s'élancent gracieusement auprès d'un café maure, ou d'énormes figuiers dont la riche végétation ombrage les nombreuses petites boutiques qui se pressent les unes contre les autres, semblables aux alvéoles d'un rayon de miel.

Les affaires sont terminées de bonne heure dans le monde indigène; les magasins sont fermés pour la plupart à trois ou quatre heures. Presque toute l'après-midi d'ailleurs ceux des marchands qui ne dorment pas dans leur boutique, accroupis sur des tapis, boivent du café maure et ne s'occupent guère des clients.

Tunis, à laquelle plusieurs auteurs donnent 150,000 habitants, est pourtant silencieuse et calme: les véhicules y sont rares. On n'entend guère que le cri du muezzine, qui du sommet des mosquées invite le peuple à la prière et à l'adoration.

Avec leurs coupoles vertes et blanches et leur minarets élancés et gracieux, les mosquées sont très nombreuses; Tunis en comptait trois cent cinquante au commencement du dix-huitième siècle.

L'entrée n'en est permise qu'aux seuls musulmans, et le touriste imprudent qui voudrait y pénétrer risquerait de se faire un mauvais parti. La grande mosquée Djemel-Kébir, en particulier, est un beau monument par son étendue, son style, ses marbres, ses dentelles de pierre, ses portes en bois d'un travail remarquable. Celle de la place de la Kasba imite la forme de la cathédrale de Séville avec ses damiers, sa marquetterie et ses tourelles. On peut citer encore la mosquée Djem-ou-Zitoun et la Turba, qui sert de sépulture à la famille régnante.

La place de la Kasba elle-même est très pittoresque. On y trouve réunis des cafés élégants, des ruines romaines et sarrazines, des palmiers, des figuiers, des fontaines sous des portiques aux colonnades de marbre blanc.

La Kasbah est la citadelle qui domine entièrement la ville. Cette immense et colossale forteresse renferme encore des monuments des premiers rois de Tunis, les constructions de Charles-Quint, et des armures qui ont été conquises sur les Espagnols. On y trouve une poudrière et une fonderie de boulets. La porte principale est peinte de diverses couleurs, les parois sont ornées de sentences du Koran, et l'une des tours est couverte d'ornements, de sculpture et d'arabesques remarquables.

Le palais de ville du souverain, le Dar-el-Bey, est certainement le plus beau type d'habitation princière de style mauresque qui existe dans le monde. Il a été construit par le Bey Hammouda, il y a bientôt un siècle. La cour est pavée en marbre blanc et noir avec trois arches de chaque côté, et seize colonnes torses fort élégantes. Dans le grand salon et dans les boudoirs sont des arabesques semblables à celle de l'Alhambra et aussi fines et délicates qu'une broderie de dentelle, le plafond est doré avec des arabesques de diverses couleurs, et les salles sont garnies de belles gravures, reproduisant les tableaux de Léopold Robert ou représentant des sujets bibliques et des scènes tirées de l'histoire d'Angleterre, d'Italie et de France. Les batailles de Napoléon Ier y occupent une grande place, car cet empereur est resté en vénération auprès des Orientaux. L'un des salons est tout tapissé de glaces adhérentes aux parois et au plafond, enchassées de baguettes en or de Venise. La salle à manger est une merveille: le plafond, dont la forme imite un toit gigantesque, est couvert d'or et d'arabesques de bois entrelacées, rouges et vertes; les parois sont de marbre blanc uni, avec de légères colonnes d'albâtre. Cette chambre vraiment grandiose par son élévation prodigieuse, est magnifique dans son élégante simplicité. Depuis le pavillon situé au sommet du palais, on découvre la ville ainsi que les environs, qui offrent un admirable panorama.

La ville, bâtie en carré long formant un peu le croissant, a environ deux lieues de circuit. Les rues en sont fort boueuses quand il pleut, mais elles sèchent avec une grande rapidité. Sous chaque rue se trouve un conduit pour les eaux grasses qui s'en vont à la mer; mais malheureusement ces canaux, n'étant pas recouverts dès leur prolongement dans les faubourgs, donnent lieu à des émanations peu agréables.

L'architecture d'un peuple porte l'empreinte de ses

mœurs. Les maisons d'Herculanum et de Pompéï nous
en ont plus appris sur la vie intérieure des Romains
qu'aucun des livres qu'ils nous ont laissés. A Paris, la
ville sociale par excellence, cinq ou six familles s'acco-
modent du même toit ; à Londres, où les habitudes sont
moins communicatives, chaque ménage a sa maison ; à
Tunis, comme à Alger, le musulman, mettant tous ses
soins à cacher sa vie, n'admet ni fenêtre, ni jours exté-
rieurs, et, comme s'il eût été dangereux pour son maître
qu'elle plût à d'autres, l'habitation repliée sur elle-même
cache dans ses murailles nues la richesse de ses façades
intérieures.

Le rez-de-chaussée des maisons est, en général, entièrement voûté ; il comprend un parloir étroit où le maître
reçoit ses visites, et des décharges destinées à loger les
approvisionnements. Une maison riche forme ordinairement un rectangle ; au centre du premier étage est une
gracieuse cour carrée, pavée en marbre ; elle est entourée d'un péristyle à colonnes effilées, sur lequel prennent
entrée les appartements. Distribué de même, l'étage supérieur est desservi par une seconde galerie et couvert
d'un toit en terrasse, où, par un soin pieux, le musulman
tient des fleurs et de l'eau pour abriter et désaltérer les
créatures de Dieu qui peuplent l'air.

Cette ordonnance architectonique est à peu près celle
de la Bourse de Paris, réduite aux proportions d'une
maison particulière, avec le ciel pur et bleu de l'Afrique
à la place d'une toiture massive. Tout respire un calme

profond dans cet asile où, entouré de ses femmes et vu
seulement de l'oiseau qui passe sur sa tête, le musulman
se recueille dans des joies paisibles et se sent libre et
souverain. Cette vue, limitée au firmament détache l'âme
des agitations du monde ; les sensations s'éclaircissent en
se reposant, et, subissent l'influence des lieux, on s'y
laisse aller au charme de cette vie contemplative dont les
Orientaux des villes ne comprennent que le côté matériel.

La physionomie de Tunis, exprimée par le costume
des habitants, est un mélange d'éléments arabes et turcs.
Comme dans tous les pays musulmans, les juifs portent
le costume oriental, mais avec interdiction d'employer
dans leurs turbans les teintes vertes ou blanches, réser-
vées aux seuls vrais croyants ; c'est en Algérie seulement que les israélites se permettent cette liberté, ce qui
jadis scandalisait beaucoup les Arabes ; à la longue, ils
s'y sont résignés, comme à tant d'autres choses.

Le costume des femmes a un caractère particulier et
local qu'on ne retrouve dans aucun pays musulman. Les
tuniques et vestes qu'elles portent ne vont pas jusqu'aux
genoux, en sorte que toutes les parties supérieures et
inférieures de la jambe n'ont pour vêtement qu'un pantalon collant comme celui de nos danseuses de ballet.
Lorsque, en entrant à Tunis pour la première fois, on
aperçoit dans les rues des femmes ainsi vêtues, on pense
tout d'abord qu'elles appartiennent à cette classe qui,
en Europe, se permet quelquefois de faire valoir d'une

manière trop saillante le genre d'industrie qu'elle pratique : c'est là cependant le costume national, usité
même dans les harems des personnages les plus considé-
rés. Comme elles sont plus ou moins jolies et jeunes, ces
indiscrètes révélations trouvent leur excuse dans le fait,
qu'elles ne se font qu'au profit de leur maître et seigneur
et non du public, aux regards duquel elles se trouvent
soustraites ; mais il n'en est plus de même des femmes
du peuple et de toutes celles qui circulent à pied dans
les rues, car celles-là, surtout lorsqu'elles sont d'un
certain âge et d'une forte corpulence, perdent beaucoup
de leur grâce et produisent sur l'européen qui les voit
pour la première fois une impression défavorable.

Les mauresques sont toutes voilées; jamais elles ne se
montreraient sans yachmack, et d'ailleurs elles sortent
peu. Il est des femmes qui n'ont mis le pied dans la rue
que pour passer du harem paternel dans le harem conju-
gal, ou si ce sont de grandes dames, pour aller de la
ville à la campagne, dans un équipage hermétiquement
fermé.

Disons, en arrêtant notre courte excursion dans Tunis,
un mot de son climat, le plus salubre de tout le littoral
africain. Cette qualité lui vient de sa position admirable,
et peut-être des marais salés qui se trouvent dans son
voisinage. Le thermomètre, en hiver, se maintient ordinairement à 10 ou 12° au dessus de zéro, et ne descend
presque jamais à zéro, tandis qu'en été, il monte de 25

à 30°, et jusqu'à 40 et 50° centigrades dans les localités de la Régence les plus exposées au soleil.

Vers la fin octobre, les vents du nord venant d'Europe et traversant la mer Méditerranée amènent des vapeurs humides et déterminent les pluies, qui commencent à cette époque et qui continuent par intervalles jusqu'en mai, tandis que les vents du sud et de l'Est, qui commencent en juin, venant des déserts, amènent les beaux jours et la chaleur. Celle-ci devient extrême en juillet et en août, et dure ordinairement jusqu'au mois d'octobre. Les mois de mars, d'avril et de mai sont fort agréables à Tunis. Pendant cette saison douce et tempérée, la végétation se montre dans sa magnificence.

CHAPITRE TROISIÈME

GOUVERNEMENT DE LA RÉGENCE — CONSTITUTION
DE 1857 — SERMENT DE S. A. SIDI-MOHAMMED-ES-
SADOC A L'OCCASION DE SON AVÈNEMENT AU TRÔNE
— LOIS JUDICIAIRES.

Le gouvernement de la régence de Tunis est soumis
à la suzeraineté nominale du Sultan, qui concède au bey
l'investiture royale (1). La succession au pouvoir, d'a-
près la loi organique, est héréditaire entre les princes de
la famille Husseinite, par ordre d'âge seulement. De sorte
que le plus souvent le fils ne succède pas immédiatement à son père ; car, si ce fils a un parent plus âgé que
lui, ne fût-ce qu'un cousin, c'est celui-ci qui monte sur
le trône de plein droit.

La dynastie actuellement régnante est celle des Hussein-ben-Aly, qui a donné au royaume de Tunis les
beys dont les noms suivent :

(1) Firman publié en 1871, par lequel le Sultan confirme les
pouvoirs du Bey régnant et abolit le tribut payé annuellement
par la Régence à la Turquie.

Hussein-ben-Aly, qui régna de 1705 à 1740;

Aly-Pacha,	—	1740 à 1756;
Mahmed-Bey	—	1756 à 1859;
Aly-Bey	—	1759 à 1782;
Hammouda	—	1782 à 1814;

Othman-Bey mourut quelques mois après son avènement au trône.

Mahmoud, qui régna de	1814 à 1824;
Hussein-Bey,	—	1824 à 1837;
Ackmed-Bey,	—	1837 à 1855;
Mahamoud-Bey	—	1855 à 1858;

Enfin son altesse Mohammed-ès-Sadoc, bey actuel, qui occupe le trône de Tunis avec autant d'intelligence que de distinction depuis plus de vingt ans.

Le Bardo est le siège du gouvernement. C'est au Bardo que se rassemble le conseil des ministres sous la présidence du Bey; c'est là qu'il rend la justice. Les chefs de service y viennent prendre les ordres de Son Altesse; les consuls des puissances étrangères y confèrent des affaires concernant leurs compatriotes; les princes et les membres à divers degrés de la famille souveraine se rendent au baise-main, la taille serrée dans des tuniques étroites, le col emprisonné dans le ruban vert et rouge de Nichan-Iftikhar dont l'étoile diamantée brille comme un soleil sur leur poitrine.

Le Bey a plusieurs ministres:

| Le ministre des finances, ou Kas-nadar, Le ministre des affaires étrangères, | Son Excellence Si Mustapha-Ben-Ismaïl. |

Le ministre de la guerre, Son Excell. général Sélim ;

Le ministre de la marine, Son Excell. Ackmed Zarrauck ;

Le garde des sceaux est le Saheb-el-Thaba ;

Le secretaire du bey porte le titre de Saheb-el-Djebira (porteur du portefeuille).

L'interprète du bey, le Bachi-Kasak, c'est-à-dire gardien de la garde-robe du bey.

Un ordre du bey revêtu de son cachet, s'appelle Ammar-el-bey ou Amrah. Le souverain porte toujours sur lui son sceau qu'il ne quitte jamais.

La ville de Tunis a un gouvernement, le Cheik-el-Médina ou Doulatelli, et un commissaire de police ou Bach-Amba-el-Médina.

La Tunisie est divisée en cercles. Chaque cercle a un commandant, sorte de gouverneur ou caïd qu'on appelle Bach-Aouat. Il y a les cercles de Souza, de Monastir, de Sfax, de Bizerte, du Kef, du Kaïrouan, de Halk-el-Oued, de Djerbi, de Gabès, du Djérid, de Kahia, de Méthélit et des Beni-Isied ou Beni-Zid.

Tous les gouverneurs de village se nomment Cheiks.

Le garde des sceaux, le Saheb-el-Thaba que quelques auteurs européens nomment Sapatapa ou Saptap, occupe un rang assez élevé ; c'est lui qui, lorsqu'il y a un

7

ordre à donner, un édit à promulguer, vient respectue-
sement prendre le sceau du Bey pour l'appliquer sur
l'Amrah ; toutefois, même pendant cette formalité, le
Bey ne se sépare point de son cachet qui reste attaché à
sa personne.

La guerre d'Orient à laquelle la régence de Tunis
avait pris une part active, était éteinte depuis deux ans.
Le croissant de Constantinople avait eu raison de l'aigle
moscovite, le calme du ciel rasséréné avait succédé aux
horreurs de la tempête, et les vainqueurs étaient aussi
las que les vaincus. Chaque nationalité avait à réparer
chez elle les maux inévitables d'une guerre lointaine et
ardente de part et d'autre.

La Tunisie n'avait point encore de loi organique ; le
pouvoir se mouvait dans l'arbitraire et le bon plaisir. Sidi-
Mohammed, esprit libéral et sage, pour garantir à chacun
la sûreté de son *honneur*, de ses *biens* et de sa *personne*,
octroya le 20 moharrem 1274 une constitution dont je
ferai connaître au chapitre suivant la forme et la teneur.
Son application déplût à quelques sectaires fanatiques
qui s'armèrent et vinrent jusqu'aux portes de Tunis,
sous le commandement d'Hi-ben-Ghdaoun, en demander
le retrait. (1) L'insurrection fut écrasée.

S. A. Mohammed-ès-Sadoc en montant sur le trône
en 1878, fit serment de respecter les principes des lois
constitutionnelles en ces termes (2) :

(1) Cette insurrection inspirée par le vieil esprit d'intolérance

« Au nom de Dieu clément et miséricordieux, que ses
« bénédictions et le salut soient sur son Prophète !

« Louanges à Dieu qui a doué l'espèce humaine de l'in-
« telligence et de la parole, qui l'a créée digne de la pro-
« phétie, du Califat et de toutes les missions importantes,
« qui lui a fait connaître ce qu'il a jugé nécessaire des
« causes de la propriété et qui lui a envoyé les prophètes
« avec les livres sacrés et la balance de la justice ! Béni
« soit ce Dieu généreux et digne de remercîments ! »

Que ses bénédictions et le salut soient sur notre seigneur Mahomet, son prophète, par l'intermédiaire duquel il nous a gardés à la foi et qui nous a communiqué
l'objet de la mission en nous expliquant les règles dont
il s'est servi comme bases, pour y poser les principes
fondamentaux de sa doctrine ! Que les bénédictions de
Dieu soient aussi sur sa famille et ses compagnons qui
sont le soutien de la foi par la force de leur doctrine et
l'éclat de leurs actions, qui ont fait parvenir jusqu'à nous
les paroles du prophète et ses lois bonnes et justes, et
qui se sont occupés à bien interpréter et à mieux nous
enseigner ses règles qui engendrent la sûreté et la confiance !

religieuse éclata dans le courant de l'année 1864. Elle donne la
mesure du courage du souverain et du ministre qui n'avait pas
craint d'introduire des réformes civilisatrices dans un pays où la
routine orientale avait encore des racines aussi vivaces.

(2) Henri Michel, *Tunis*, append.

Après ce qui précède, l'esclave de son maître, le pauvre devant sa miséricorde divine, celui qui reconnaît que ses actions de grâces sont au dessous de tant de bienfaits, le Mouchir-Mahommed-ès-Sadoc, Bacha-Bey, possesseur du rouaume de Tunis, dit :

« Lorsque les hauts fonctionnaires m'ont choisi à l'u-
« nanimité et en conformité de la loi de succession en
« usage dans le royaume pour être chef de ce gouver-
« nement à l'époque de la mort de mon frère, qui eut
« lieu pendant que mes devoirs me tenaient éloignés de
« la capitale, je me suis rendu à leur appel seul, sans
« épée ni lance, ni troupe, ni force aucune, et j'ai reçu
« leurs hommages après avoir prêté serment en leur pré-
« sence d'observer les principes du pacte fondamental·
« promulgué par feu mon frère, le 20 moharrem 1274,
« publié dans tout le royaume, et après leur avoir fait
« prêter le même serment, voici en quels termes je me
« suis engagé à respecter les principes du pacte fonda-
« mental en vertu duquel j'ai reçu l'hommage de tous les
« habitants :

« Au nom du Dieu clément et miséricordieux, béni
« soit celui qui a fait que la confiance soit la cause la plus
« efficace de la prospérité ! que les bénédictions et le sa-
« lut soient sur notre Seigneur Mahomet, ses parents,
« ses compagnons, et tous ceux qui les ont suivis dans le
« bien ! »

Après ce qui précède le pauvre esclave de Dieu, le

Mouchir Mohammed-ès-Sadoc, Bacha-Bey (que Dieu l'aide dans ses louables intentions et dans la charge qu'il lui a confiée), dit : « J'ai reçu l'hommage des hauts « dignitaires présents, conformément au pacte fonda-« mental qui garantit à tous les habitants la sûreté de « leur honneur, de leurs biens et de leurs personnes, et « qui renferme différents autres principes et obligations « que feu mon frère et seigneur Mohammed, Bacha-Bey, « s'est engagé à observer sous la date du 20 moharrem « 1274, et, conformément à ce qui est prescrit dans ledit « pacte fondamental, j'ai juré et je jure devant Dieu que « je respecterai tous les principes qui y sont établis et « que je ne ferai rien qui leur soit contraire.

« Ces mots ont été dits par moi et sont répétés en mon « nom par celui qui les lit. Ma signature et mon sceau, « qui sont apposés sur cet acte, sont un témoignage digne « de foi et évident pour toutes les personnes présentes « à cette assemblée et pour nos sujets et les habitants de « nos États.

« En conformité de cela, vous devez respect et obéis-« sance.

« Que Dieu soit en aide à tous les assistants.

« Donné le samedi vingt-cinquième jour du mois de sfar « 1276. »

On remarquera certainement la solennelle simplicité de cet acte qui accompagnait la prise de possession du pouvoir. Il y a dans ce document de style oriental je ne sais quel reflet de la couleur biblique.

Les tribunaux musulmans à Tunis sont de plusieurs espèces. Le juge s'appelle cadi. L'agent du Cadi, Sebi-Cadi. Le tribunal simple, qui porte le nom de Cheriat-Ennabi, est composé d'un seul cadi. La réunion de plusieurs cadis ou tribunal supérieur se nomme El-Medjelis. Enfin, le tribunal mixte, le Rebaïd-el-Kabla, renferme des cadis, et d'autres personnes en dehors de la jurisprudence. On peut appeler directement de ces tribunaux à son Altesse.

Le Mufti est un magistrat supérieur qui peut casser un jugement du Cadi, pour avoir manqué à quelque article du Koran. Le chef des muftis s'appelle Bach-Mufti.

L'un des exemples les plus frappants de la vitalité que possèdent les formes traditionnelles, c'est la manière dont le Bey rend justice lui-même à l'instar des anciens patriarches. L'audience publique a lieu chaque samedi dans le palais de la Goulette ; le souverain y juge les questions litigieuses qui lui sont soumises par ses sujets et quelquefois même par les Européens.

La séance s'ouvre à huit ou neuf heures du matin et dure rarement au delà de deux heures. Les spectateurs indigènes y sont admis avec un certain choix et les Européens ne peuvent avoir accès qu'avec l'autorisation du ministre des affaires étrangères.

Le Bey est assis dans un fauteuil doublé en velours vert, une longue pipe en jasmin à la main ; les individus ayant des requêtes écrites à lui présenter ou des explications verbales à lui faire sont introduits devant lui par un maître de cérémonies (1). Les plaignants exposent leur cause à haute voix, et le Bey prononce son jugement séance tenante ; quelquefois il trouve que la question soulevée exige des éclaircissements et ordonne une enquête, mais le plus souvent son arrêt est formulé immédiatement ; après quoi l'individu ainsi jugé est poussé hors la salle, pour faire place à un autre.

Cette justice sommaire, que les Arabes acceptent sans réclamations, a quelque chose de primitif, et suppose l'absence de procédure légale, mais surtout une confiance aveugle et illimitée dans l'infaillibilité du juge suprême, capable, par une espèce d'intuition surhumaine, de trancher en quelques minutes des questions qui, pour être résolues chez nous, eussent exigé plusieurs jours et même plusieurs mois.

La justice est toujours rendue au nom de Dieu.

Dans la Tunisie, comme en France, le caractère de la répression est varié : la peine de mort occupe le sommet de l'échelle pénale et diffère suivant la nationalité des criminels.

Les Koulouglis (2) et les turcs sont étranglés dans une

---

(1) Le Bach-Amba-el-Bey, sorte d'huissier du Bey ou maître de cérémonies, annonce à haute voix avant l'audience que son Altesse reçoit. Quand l'audience est levée, le Bach-Amba crie « El-Afia ! » la paix ; ce qui signifie que le Bey ne reçoit plus.

(2) Koulouglis ou Koulour'lis, fils de Turcs et de Mauresques.

des salles de la Kasbah. La strangulation, qui est le supplice le moins infamant, a lieu sans témoins. On entoure
le cou du criminel avec une corde bien frottée de savon ;
quatre exécuteurs, dont deux à sa droite et deux à sa
gauche tirent cette corde avec les mains et même avec les
pieds, jusqu'à ce que le malheureux supplicié ait passé
de vie à trépas.

Les Maures ont généralement la tête tranchée avec le
sabre. Deux exécuteurs se placent l'un à la droite et
l'autre à la gauche du condamné, qui a les yeux bandés.
L'exécuteur qui est à sa droite le pique au bras avec
la pointe d'une épée, ce qui fait vivement retourner
la tête au patient, tandis que l'autre exécuteur, profitant
du moment où il a la tête inclinée sur l'épaule droite, la
lui sépare du corps d'un seul coup de yatagan. L'exécution a lieu à la Kasbah, ou bien dans la localité où le
jugement a été rendu par le Bey.

Les Marocains sont pendus, de. même que les Zouaouas ou soldats Kabyles. On pend à Bab-el-Suec, qui
est l'une des portes de Tunis.

Les militaires sont fusillés. Il y a quelques années, cette
exécution était parfois horrible. On écrasait la tête du
malheureux soldat percé de quinze ou vingt balles, dont
aucune ne l'avait atteint mortellement : c'était le coup
de grâce. Le gouvernement actuel a fait avec raison cesser
des pareils actes de barbarie, en édictant, pour l'exécution
de la peine capitale, des mesures conformes à l'huma-
nité.

Les femmes condamnées à la peine capitale étaient promenées par la·ville, assises à rebours sur un âne, puis mises dans un sac rempli de pierres et jetées à l'eau dans le lac, à la Marine. Mais comme le lac n'a pas, dans ses bords, deux pieds de profondeur, les exécuteurs étaient chargés d'enfoncer le sac avec des perches, et de le maintenir au fond de l'eau jusqu'à ce que la malheureuse fut étouffée. Ce supplice est aboli depuis longtemps : il est remplacé par un bannissement sur une sorte de galère, dans l'île Kerkéna du golfe de Gabès.

Les juifs étaient brûlés. Revêtus d'une chemise de goudron, ils étaient exposés sur un bûcher de bois sec, auquel on mettait le feu. Le dernier juif brûlé le fut en 1818, peu avant une peste qui dura deux ans. Mais, comme on attribua cette peste au supplice du juif, personne n'a plus été condamné depuis à ce genre de mort.

La bastonnade est une punition très fréquente, elle a lieu dans des cas moins graves. Elle se pratique ordinairement en frappant avec un nerf de bœuf sur la plante des pieds, ou sur le dos, et quelquefois sur la poitrine. Le Bey seul a le droit de faire mourir sous le bâton ; dans ce dernier cas, il condamna à mille coups. On a vu cependant des individus tellement robustes qu'après avoir reçu jusqu'à mille coups rudement appliqués, ils vivaient encore, et guérissaient complètement. En général, au cinquième ou sixième coup, la peau de la plante des pieds est déchirée; mais il arrive que les gens riches qui

ont le moyen de faire une largesse au bourreau sont ménagés par lui ; et quant aux gens de la campagne qui,
ordinairement fort pauvres, ne peuvent pas employer ce
moyen là pour adoucir leur punition, ils ont la plante des
pieds si dure par l'habitude de marcher sans souliers
que ce supplice leur est beaucoup moins douloureux.

On coupe aussi le bras ou le poignet. C'est au méde-
cin tunisien, sujet du Bey, qu'est devolu cet office qu'il
a, du reste, rarement l'occasion de remplir. Le Koran
dit à ce sujet : « Quant à un voleur ou à une voleuse,
« vous leur couperez les mains comme rétribution de
« l'œuvre de leurs mains, comme châtiment venant de
« Dieu (1). » La main coupée était pendue au cou du
voleur, attachée par une ficelle ; et ce malheureux était
promené, par la ville, assis à rebours sur un âne.

La galère est à la Goulette ; elle est réservée aux con-
trebandiers et aux petits voleurs. Là ils sont enchaînés
deux à deux par les pieds, étant condamnés aux travaux
forcés pour un temps plus ou moins long.

La Gandala est la prison où l'on met les prévenus
de quelque crime, mais non encore jugés ; elle est à Tunis. Ils n'y restent pas longtemps, car la justice est,
comme nous l'avons vu, plus expéditive dans la Régence
qu'en Europe.

Quand le prince rend la justice, les gens les plus coupables lui sont toujours présentés les derniers.

_____

(1) Sourate la Table, verset 42.

Lorsqu'une exécution a lieu, la population se presse pour assister soit à la pendaison, soit à la décapitation par le sabre. L'Europe n'est certes pas en arrière sous ce rapport ! Le condamné, debout sur l'échafaud, demande pardon à Dieu et aux hommes de son crime, et aussitôt le peuple entier rassemblé autour répond : « Esmaâh ! » — Nous te pardonnons. C'est vraiment une clameur étrange que ce cri poussé dans un sentiment sérieux et profond, et qui est suivi, comme il a été précédé, d'un grand silence. Le peuple, qui souvent jette des pierres aux exécuteurs, lorsque la justice a eu son cours, cherche aussi à saisir quelque morceau des vêtements du condamné, qu'il s'imagine devoir lui porter bonheur.

Il arrive souvent que lorsqu'un homme a été assassiné, sa famille accepte le prix de son sang, c'est-à-dire que, moyennant une grosse somme d'argent payé aux parents de sa victime, le meurtrier peut sauver sa tête. Ce prix du sang s'appelle la *dïa*; elle varie beaucoup suivant les individus et les familles; du côté du désert elle est généralement fixée à cent chameaux. Lorsqu'il est prouvé que le meurtrier a frappé dans l'intérêt de sa défense, la *dïa* n'est pas due.

Quand les parents de la victime refusent la *dïa*, la justice suit son cours. Cet usage remonte au temps de l'aïeul du prophète.

Remarquons toutefois que cette législation pénale n'est pas, sur plusieurs points, sans analogie avec les dispositions repressives de notre Code français; elle ne repose nullement, comme dans la plupart des Etats orientaux, sur le bon plaisir du souverain. Les accusés peuvent, en dehors de l'autorité du chef de l'Etat, en appeler du tribunal de révision en matière criminelle au Conseil suprême que la Constitution commet à la défense des droits des habitants, et dont les deux tiers sont pris parmi les notables du pays. Le Conseil suprême, en effet, est à la fois, en vertu de la loi organique, le Sénat, le Corps législatif et le Conseil d'Etat de la Régence ; dès lors, dans le pays du sabre et du lacet, plus d'arbitraire, la loi répond à tout.

Ainsi la Tunisie, qui a conservé l'aspect farouche du vieil Orient, est en réalité une Régence constitutionnelle ; le mécanisme administratif et politique le plus perfectionné y fonctionne comme chez nous.

Mais cette révolution dans le gouvernement, les lois et les mœurs ne s'est pas opérée en un jour. Nos consuls y ont travaillé longtemps, sans se lasser ; leurs efforts ont triomphé des résistances les plus opiniâtres; soutenus dans leur lutte contre l'esprit de routine du peuple par l'esprit de progrès des beys, ils ont obtenu la promulgation de cette institution, sauvegarde de tous les intérêts.

CHAPITRE QUATRIÈME

PACTE FONDAMENTAL OU CONSTITUTION DU ROYAUME DE TUNIS.

Avant de reproduire le texte de la Constitution tunissienne, analysons les principes fondamentaux sur lesquels reposent toutes les constitutions monarchiques, qu'elle reconnaît et promulgue comme lois de l'État.

Absolue de sa nature, la liberté de conscience ne doit être soumise à aucune autre règle que celles imposées à toute publication de la pensée humaine. De la liberté de conscience découle naturellement la liberté religieuse et des cultes.

Or, de par la Constitution, le Bey s'engage envers tous ses sujets, de quelque religion qu'ils soient, à leur faciliter, par tous les moyens en son pouvoir, le sûr et libre exercice de leur culte. Dorénavant point de conversions forcées ni de changement de rite, si ce n'est dans le cas de convictions nouvelles.

Les Mulsumans continueront a être soumis à la loi religieuse pour ce qui concerne les actes de la vie civile intéressant le culte, tels que legs pieux, mariages, successions, etc.

Les sujets non musulmans ont les mêmes facultés : ils peuvent à leur gré conserver ou modifier leur foi, sous la protection des lois constitutionnelles. Leurs réunions religieuses ne seront jamais troublées. Il y aura donc égalité parfaite devant la loi, sans distinction de religion.

Mais que deviendrait le principe de la liberté et des cultes sans les droits plus sacrés et plus inviolables de la liberté et de la sûreté individuelles ?

L'homme est la plus belle œuvre de la nature ; attenter à sa vie, c'est commettre le plus grand des crimes. Le pacte fondamental de la Régence assure à chacun la jouissance de toute sûreté personnelle, morale et matérielle, sauf le cas délictueux ou criminel soumis à l'appréciation des tribunaux.

Une des mesures contraires à la liberté individuelle, c'est la retenue indéfinie du soldat sous les drapeaux et l'enrôlement arbitraire. Aussi, à l'avenir, la conscription aura lieu dans chaque partie du royaume par le tirage au sort et de manière qu'elle ne puisse être nuisible aux habitants.

La richesse intéresse l'homme presque autant que sa personne même ; elle est le mobile de la plupart de ses actes. Lui garantir la possession sans trouble des biens acquis par son labeur, c'est le rassurer sur l'avenir de sa famille, c'est lui ouvrir les voies de la prospérité par la confiance, c'est enfin travailler au développement de la fortune publique et du bien-être général.

Dans ce but, le pacte fondamental promet à tout propriétaire tunisien, sans dictinction de religion, une sûreté complète pour ses biens meubles ou immeubles, de quelque nature qu'ils soient et quelle qu'en soit l'importance. Il ne pourra être forcé à vendre ni à loue sans son consentement, à moins qu'il ne s'agisse d'une dette reconnue et prouvée contre lui et qu'il se serait refusé à solder, ou en cas d'utilité publique.

Les propriétés immobilières ne seront assujetties qu'à la dîme et aux impôts établis par le gouvernement.

L'industrie et les travaux manuels étant à l'ouvrier ce qu'est le capital au négociant et constituant, en outre, une parties des causes productives de la richesse, jouiront de la garantie accordée aux biens. En conséquence, le gouvernement ne forcera jamais l'ouvrier, ou l'artiste à travailler pour lui contre son gré. Quand il aura besoin d'eux il devra leur donner le même salaire que les particuliers.

Tout propriétaire ou capitaliste pourra employer des fonds à telle spéculation qu'il jugera convenable, à l'exception de celles prohibées par le gouvernement ou qui le seront à l'avenir; mais il ne pourra jamais ni se refuser au paiement des droits établis sur les industries, ni en exercer aucune de laquelle il pourrait résulter un dommage général ou particulier.

Enfin, l'honneur est si cher à l'homme qu'il tue celui qui ose y porter atteinte. La Constitution reconnaît la légitimité de ce sentiment et garantit à tout sujet tunisien, quelle que soit sa religion, la sûreté et le respect de son honneur. Désormais aucune peine infamante ne sera prononcée contre lui pour le seul fait d'une accusation, quelque haute que soit la position de l'accusateur, car tout le monde est égal devant la loi.

Toute imputation injurieuse ou diffamatoire devra être justifiée devant le tribunal compétent, qui jugera à la majorité des voix d'après une législation formelle, connue, observée et respectée de tous.

TEXTE DU PACTE FONDAMENTAL

Au nom de Dieu clément et miséricordieux, béni soit Dieu qui a donné à l'homme la justice et l'équité pour la conservation de l'ordre dans le monde; la connaissance du droit pour défendre ses intérêts, qui a promis la récompense au juste et la punition à l'oppresseur! Rien n'est aussi vrai que la parole de Dieu.

Béni soit aussi notre Seigneur Mahomet, que Dieu dans son livre a honoré des titres d'humain et de compatissant, et qui l'a distingué de préférence; qui nous a indiqué, selon l'ordre qu'il avait reçu d'en haut, la voie du juste et de l'injuste; de sorte que la parole divine n'a été l'objet ni de changement ni de fausse interprétation ! Que le salut et la bénédiction soient sur sa famille et ses compagnons qui ont enseigné la vérité à celui qui désirait la connaître et l'ont convaincu par leur science et leurs preuves; qui ont connu le texte de l'interprétation de la loi, et qui nous ont laissé le bon exemple de leur conduite, de leur justice et de leur équité !

O Dieu, accorde-nous ton puissant appui pour ne faire que ce qui te plaît et nous aider à remplir dignement nos devoirs de souverain, les plus lourds qui puissent incomber à un homme ! Nous mettons en toi notre confiance et notre espoir ; quel puissant appui que celui du Très-Haut !

La mission que Dieu nous a donnée de gouverner ses créatures ici-bas nous impose des devoirs impérieux et des obligations religieuses que nous ne pouvons remplir qu'à l'aide de son seul secours. Sans cet aide, qui pourrait satisfaire à ses devoirs envers Dieu et envers les hommes ?

Persuadé qu'il faut toujours obéir aux prescriptions divines en tout ce qui concerne les créatures, nous ne laisserons plus peser sur celles dont le soin nous est confié ni l'injustice, ni le mépris ; nous nous efforcerons de les mettre en pleine possession de leurs droits.

Comment manquer à ces devoirs soit en action, soit en pensée quand on sait que Dieu est l'ennemi de l'injustice et qu'il réprouve ceux qui oppriment ses créatures ?

Dieu a dit à son prophète bien-aimé : « O David ! si je t'ai fait mon calife sur la terre, c'est afin que tu juges les hommes d'après la justice sans te laisser guider par la passion qui t'éloignerait de la voie de Dieu ; car celui qui ne suit pas cette voie est destiné aux tourments les plus affreux, parce qu'il a oublié le jour de la rémunération. »

Dieu nous est témoin, nous préférons à notre avantage personnel l'observation de ses préceptes pour le bonheur de nos sujets. Nous avons consacré à assurer ce bonheur notre temps, nos forces et notre raison. Les taxes qui pesaient sur notre peuple ont été allégées. Cette réforme qui a donné d'heureux résultats permet d'espérer de nouvelles améliorations.

Dès lors les agents infidèles n'ont pu continuer à tromper le fisc et les contribuables.

Pour arriver à des améliorations, il faut d'abord en établir les bases générales. Vouloir y atteindre du premier coup, sans les asseoir sur ces bases, serait se créer d'insurmontables difficultés.

L'homme par sa nature ne peut arriver à la prospérité qu'autant que sa liberté lui est entièrement garantie, qu'autant qu'il est sûr de trouver un abri contre l'oppression derrière le rempart de la justice et de voir respecter ses droits, jusqu'au jour où des preuves irrécusables, et non des témoignages isolés, démontrent sa culpabilité.

L'homme coupable, s'il a encore une lueur de raison, n'hésite pas à reconnaître son crime et à se dire : « Quiconque sort des limites fixées par le Seigneur se condamne lui-même. »

Le chef de l'Islamisme et les grandes puissances qu'une politique sage a mises au premier rang ont donné à leurs sujets les plus complètes garanties de la liberté ; ils ont compris que c'était là une obligation imposée par la raison et par la nature. Si ces avantages sont réels, le Charaâ doit les consacrer lui-même, car le Charaâ a été institué par Dieu pour défendre l'homme contre les mauvaises passions. Quiconque se soumet à la justice et jure par elle, se rapproche de la piété.

Le cœur de l'homme qui a foi dans sa liberté se rassure et se raffermit.

Nous avons informé naguère les grands ulémas de notre religion et quelques-uns de nos hauts fonctionnaires de notre intention d'établir des tribunaux composés d'hommes éminents pour connaître des crimes et des délits, ainsi que des différends que peut engendrer le commerce, cette source de prospérité des Etats. Les principes qui ont présidé à l'organisation de ces tribunaux ne dérogent en rien aux dispositions sacrées de notre loi.

Le Charaâ continue à rendre ses arrêts. Puisse Dieu perpétuer jusqu'au jour du dernier jugement le respect que ce tribunal inspire !

Le code administratif et judiciaire demande le temps nécessaire pour être rédigé et adopté aux exigences de notre pays. Nous demandons à Dieu, qui lit dans notre cœur, que ces réformes soient établies dans l'intérêt du gouvernement et qu'elles soient en harmonie avec les principes que nous ont légués les gloires de l'Islamisme. Et nous, humble et pauvre serviteur du Très-Haut, nous inclinerons toujours devant ses volontés. Rien dans ce code, tous pourront s'en convaincre, ne sera contraire à ses saintes prescriptions.

En voici les bases :

I

Nous garantissons formellement une entière sécurité à tous nos sujets, ainsi qu'à tous ceux qui habitent notre royaume, quelles que soient leur religion, leur nationalité et leur race. Cette sécurité s'étendra à leur personne, à leurs biens et à leur réputation.

Il ne sera fait exception à la disposition précédente que dans les cas prévus par la loi pénale dont la connaissance et l'application seront dévolues aux tribunaux. Après avoir examiné la cause nous-mêmes, il nous appartiendra soit d'ordonner l'exécution de la sentence, soit de commuer la peine, soit de poursuivre une nouvelle instruction.

II

Tous nos sujets seront assujettis à l'impôt proportionnellement, quelle que soit leur position et leur fortune. Les riches ne pourront s'y soustraire en excipant de leur puissance, les pauvres en se retranchant derrière leur faiblesse.

III

Les Musulmans et nos autres sujets seront égaux devant la loi, car ce droit appartient naturellement à l'homme, quelle que soit sa condition.

La justice est une balance qui sert à garantir le bon droit contre l'injustice, le faible contre le fort.

IV

Nos sujets israélites, ne pourront être contraints de changer de religion ; l'exercice de leur culte sera libre ; leurs synagogues seront respectées. Car, si nous avons le droit de leur imposer les charges communes, ils ont celui d'être protégés.

V

L'institution de l'armée étant des plus utiles dans l'intérêt de tous, et d'autre part, l'homme ayant besoin de consacrer une partie de son temps à son existence et aux besoins de sa famille, nous ne formerons notre armée et n'enrôlerons nos soldats que d'après un règlement et d'après le mode de conscription au sort. Le soldat restera sous les drapeaux un temps déterminé par un code militaire, passé lequel il sera rendu à la vie civile.

VI

Il sera adjoint au tribunal criminel des assesseurs israélites lorsqu'il aura à juger des sujets israélites. Ils accompliront leur mission sous la protection de notre loi religieuse.

VII

Nous établirons un tribunal de commerce composé d'un

président, d'un greffier et de plusieurs membres, choisis parmi les Musulmans et les sujets des puissances amies. Ce tribunal, dont la compétence sera exclusivement commercial, n'entrera en exercice que lorsque nous nous serons entendu avec les puissances amies sur le mode à suivre pour que leurs sujets soient justiciables de ce tribunal. Les règlements organiques de cette institution seront publiés ultérieurement.

VIII

Tout privilège est et demeure aboli. Tous nos sujets musulmans ou autres seront soumis aux lois, règlements et usages, en vigueur dans le pays.

Nous garantissons à tous nos sujets la liberté du commerce sans que le gouvernement, qui s'engage lui-même à ne point s'y livrer, y puisse porter atteinte.

Le commerce sera l'objet de toute la sollicitude du gouvernement.

X

Les étrangers qui voudront s'établir dans nos États pourront exercer toutes les industries et tous les métiers à la condition qu'il se soumettent, comme tous les habitants, aux lois et règlements de la Régence. Toutefois ils ne jouiront de cette liberté qu'après un accord préalable avec leurs gouvernements.

XI

Les étrangers qui voudront acquérir dans nos États des

biens immeubles pourront le faire à la condition qu'ils se soumettent à nos lois et règlements.

Nous ferons connaître plus tard le mode d'habitation que devra observer tout propriétaire.

Au nom de Dieu et du pacte sacré, nous jurons de mettre à exécution les principes fondamentaux que nous venons de poser, et que nous expliquerons en temps et lieu.

Nous prenons cet engagement pour nous et pour nos successeurs ; aucun d'eux ne montera sur le trône qu'après avoir juré l'observation de ces institutions libérales ; nous en prenons à témoin, devant Dieu, cette illustre assemblée composée des représentants des puissances amies et des hauts fonctionnaires et de notre gouvernement.

Dieu sait qu'il nous a suggéré lui-même ces constitutions utiles ; il sait aussi que notre ardent désir est de les appliquer. On ne peut demander à l'homme que ce qu'il peut faire.

Celui qui a juré par Dieu doit accomplir son serment.

La justice est le bien le plus solide.

La vie à venir est la seule qui dure.

En recevant le serment des hauts fonctionnaires de notre gouvernement par lequel ils s'engagent à seconder nos efforts dans l'exécution de ces réformes, nous leur disons : Gardez-vous de transgresser votre serment, car

Dieu que vous prenez à témoin connaît vos intentions et vos actes, quelque secrets qu'ils soient.

O Dieu, bénis ceux qui ont contribué avec nous à rendre ta créature heureuse ; abreuve-les du nectar de ta grâce.

O Dieu, accorde-nous ton aide et ta miséricorde ; bénis notre œuvre, et sois béni pour la haute mission que tu nous as confiée.

Heureux celui que tu as mis dans la voie de la vérité ; ta volonté est sainte !

Après en avoir délibéré, Nous, pauvre serviteur de Dieu, avons promulgué ce pacte pour l'utilité et le bonheur de nos sujets, avec la bénédiction du Koran, et les mystères de la Fatha.

Salut de la part du serviteur de son Dieu, le Mouchir Mohammed, Bacha-Bey, possesseur du royaume de Tunis.

Le 20 moharrem 1274.

(Signé de sa propre main).

« J'approuve l'écriture ci-dessus, le Mouchir Mohammed, Bacha-Bey. Dieu est témoin de la vérité de ce que je dis. »

CHAPITRE CINQUIÈME

LOI ORGANIQUE OU CODE POLITIQUE ET ADMINISTRATIF
DU ROYAUME TUNISIEN.

CHAPITRE PREMIER
Des Princes de la famille Husseinite.

Article premier. — Le pouvoir est héréditaire entre les princes de la famille Husseinite par ordre d'âge, suivant l'usage du royaume. En cas d'empêchement de l'héritier présomptif, le prince qui vient immédiatement après, lui succèdera dans tous ses droits.

Art. 2. — L'état civil de la famille régnante sera tenu sur deux registres visés l'un et l'autre par le premier ministre et par le président du conseil suprême. L'un de ces registres sera déposé dans les archives du premier ministre, l'autre dans celles du conseil suprême.

Art. 3. — Le Chef de l'État a pouvoir sur les membres de la famille régnante qui ne disposeront, sans son consentement, ni de leurs personnes, ni de leurs biens. L'autorité qu'il a sur eux est celle d'un père ; il leur en doit les avantages.

9

Art. 4. — Il prescrira à chacun les obligations qui lui incombent selon son rang et sa famille. Les membres, de leur côté, lui doivent obéissance de fils à père.

Art 5. — Les princes et les princesses de la famille régnante ne peuvent, sans le consentement du Chef de l'État, contracter mariage.

Art. 6. — Si un membre faisant partie de la famille régnante contrevient aux présentes dispositions, ou pour tout autre cause, il sera nommé pour le juger une commission spéciale qui se composera d'un membre de la famille régnante, des ministres et des membres du conseil privé, sous la présidence du Chef de l'État ou celle d'un des principaux chefs de la famille souveraine. Cette commission dressera un rapport sur l'affaire, et, si elle établit l'existence de la contravention, elle écrira sur le rapport : « Il conste que le prince tel est en faute, » et le présentera au souverain qui seul a le droit de punir, comme il convient, le prince en contravention.

Art. 7. — Si un membre faisant partie de la famille régnante commet un délit contre un particulier, il sera pareillement nommé, pour le juger, une commission spéciale qui sera composée des ministres en activité de service et des membres du conseil privé, sous la présidence du Chef de l'État ou celle du principal membre de sa famille, après lui, qu'il désignera à cet effet. Cette commission sera chargée de faire un rapport sur la plainte et sur les pièces produites à l'appui. Le Chef de l'État statuera sur la peine qu'il convient d'appliquer au prince délinquant.

Art. 8. — Les crimes commis par les membres de la famille régnante, contre la sûreté des particuliers ou celle de l'État, ne seront pas soumis à la juridiction des tribunaux ordinaires. Une commission composée des ministres en activité de service, des membres du conseil privé et du président du conseil suprême, sous la présidence du Chef de l'État lui-même ou du principal membre de la famille régnante, après lui, qu'il désignera à cet effet, sera chargée d'instruire l'affaire et de prononcer la peine qu'aura méritée le coupable, d'après le code pénal. Cette commission présentera la sentence signée par le président ou par tous les membres, au Chef de l'État, qui en ordonnera l'exécution ou accordera une commutation de peine.

CHAPITRE II
Des droits et des devoirs du chef de l'Etat.

Art. 9. — Tout prince, à son avènement au trône, prêtera serment d'observer les principes du pacte fondamental et les lois qui en découlent, et de défendre l'intégrité du territoire tunisien. Ce serment sera fait solennellement et à haute voix, en présence des membres du conseil suprême et des membres du Medjlis du Charaâ. Ce n'est qu'après que cette formalité aura été rem-

plie que le prince recevra l'hommage de ses sujets et que
ses ordres seront exécutables.

Le Chef de l'État qui violera volontairement les lois
politiques du royaume sera déchu de ses droits.

Art. 10. — Le Chef de l'État sera tenu de faire prêter
serment à tous les fonctionnaires civils et militaires. Le
serment est conçu en ces termes : « Je jure devant Dieu
que j'obéirai aux lois qui découlent du pacte fondamental et que je remplirai fidèlement mes devoirs envers le
Chef de l'État. »

Art. 11. — Le Chef de l'État qui viole les lois établies
est responsable de ses actes devant le conseil suprême.

Art. 12. — Le Chef de l'État aura la direction des affaires politiques du royaume avec le concours de ses ministres et du conseil suprême.

Art. 13. — Le Chef de l'État commande les forces de
terre et de mer, déclare la guerre, signe la paix, fait les
traités d'alliance et de commerce.

Art. 14. — Le Chef de l'État nomme lui-même aux
fonctions élevées du royaume et révoque des dites fonctions lorsqu'il le juge convenable. En cas de délits ou crimes, les fonctionnaires ne pourront être destitués que de
la manière prescrite à l'article 63 du présent code.

Art. 15. — Le droit de grâce appartient au Chef de
l'État qui l'exerce quand il ne lèse pas les droits d'un
tiers.

Art. 16. — Le Chef de l'État déterminera à chacun

son rang hiérarchique, et pourvoira à l'exécution des lois au moyen de décrets et de règlements.

Art. 17. — Tout employé du gouvernement, civil ou militaire, qui aura rendu à son pays des services signalés recevra du Chef de l'État une somme d'argent, qui sera prise sur les fonds réservés au ministère des finances pour les gratifications. Quant aux services éminents qui auront eu pour effet de prévenir un danger qui menaçait la patrie ou de lui procurer un grand avantage, le Chef de l'État en déférera la connaissance à son conseil suprême, afin de savoir si l'auteur de ce service mérite ou non une pension viagère, et adoptera à ce sujet l'avis du conseil.

Art. 18. — Le Chef de l'État pourra adopter, avec le concours du ministre compétent, les mesures qu'il jugera opportunes dans les affaires non comprises dans l'article 63 du présent code.

CHAPITRE III

De l'organisation des ministères, du conseil suprême et des tribunaux.

Art. 19. — Les ministres sont, après le Chef de l'État, les premiers dignitaires du royaume.

Art. 20. — Les ministres ne dépendent que du Chef de l'État dont ils exécutent les ordres, et sont responsables devant lui et devant le conseil suprême.

Art. 21. — Il y aura un conseil suprême chargé de sauvegarder les droits du souverain, des sujets et de l'État.

Art. 22. — Il sera établi un tribunal de police correctionnelle pour juger les contraventions de simple police.

Art. 23. — Un tribunal civil et criminel connaîtra des affaires qui ne dépendent ni des conseils de guerre, des tribunaux de commerce.

Art. 24. — Un tribunal de révision connaîtra des recours formés contre les jugements rendus par le tribunal civil et criminel et par celui de commerce.

Art. 25. — Il y aura un tribunal de commerce pour connaître des affaires commerciales.

Art. 26. — Il y aura enfin un tribunal militaire pour connaître des affaires militaires.

Art. 27. — Les jugements rendus par les tribunaux institués par la présente loi devront être motivés d'après les articles des codes qu'ils seront tenus d'appliquer.

Art. 28. — Les magistrats composant le tribunal civil et criminel et le tribunal de révision seront inamovibles. Ils ne seront révoqués que pour cause de crime dûment établi. A leur entrée en fonctions, ils seront tenus de se conformer aux prescriptions de l'article 5 du code civil et criminel.

CHAPITRE IV

Des revenus du gouvernement.

Art. 29. — Il sera prélevé annuellement sur les revenus de l'État une somme de un million et deux cent
mille piastres pour le Chef de l'État.

Art. 30. — Il sera prélevé également par an une
somme de soixante-six mille piastres pour chacun des
princes mariés; de six mille piastres pour chacun des
princes non mariés et encore sous l'autorité paternelle;
de douze mille piastres pour chacun des princes non mariés et dont le père est mort, jusqu'à l'époque de son mariage; de vingt mille piastres pour les princesses mariées
ou veuves; de trois mille piastres pour les princesses
non mariées et dont le père est vivant; de huit mille piastres pour les princesses non mariées, après la mort de
leur père, jusqu'à l'époque de leur mariage; de douze
mille piastres pour chaque veuve de Chef de l'État; de
huit mille piastres pour chaque veuve de prince décédé.

Il sera, en outre, alloué une somme, une fois payée, de
quinze mille piastres à chaque prince, et de cinquante
mille piastres à chacune des princesses à l'époque de
leur mariage pour leurs frais de noces.

Art. 31. — Les revenus de l'État, après prélève-
ment des sommes ci-dessus, seront affectés à la solde des
fonctionnaires civils et militaires, aux besoins et à la sû-

reté de l'Etat, et répartis entre les divers ministères, en conformité de l'article 63 du présent code.

CHAPITRE V

De l'organisation du service des ministères.

Art. 32. — Le Chef de l'État et le conseil suprème règleront la nature des fonctions de chaque ministre, ses droits et ses devoirs, la nature de ses relations avec les divers agents du gouvernement tunisien ou des gouvernements étrangers et l'organisation intérieure de chaque ministère.

Art. 33. — Le service du ministre comprend trois divisions: la première concerne les détails du service de son département qu'il peut régler lui-même sans autorisation spéciale du Chef de l'État ; la deuxième se rapporte aux cas prévus par la loi dans lesquels le ministre donne son avis, et est obligé d'attendre, pour l'exécution, l'autorisation du souverain ; la troisième est relative aux affaires qui, d'après l'article 63 du présent code, doivent être soumises à l'appréciation du conseil suprême et à l'autorisation du Chef de l'État.

Art. 34. — Les ministres sont responsables envers le gouvernement pour ce qui concerne les affaires comprises dans la première division de l'article précédent, s'il y a eu de leur part contravention aux lois. Quant aux affaires comprises dans les deux autres divisions, les ministres ne répondent que de leur exécution.

Les directeurs sont responsables vis-à-vis du ministre de l'exécution de ses ordres, du règlement du travail des employés du ministère, de l'exactitude de leurs rapports de service et de l'exécution des ordres qu'ils donnent eux-mêmes; ils sont également responsables des affaires dont la direction leur est laissée, sans permission spéciale du ministre, en vertu des pouvoirs que leur confèrent les règlements.

Art. 35. — Chaque ministre règlera, comme il jugera convenable, le service intérieur de son ministère de manière à faciliter le service, et à mettre de l'ordre dans les archives et les registres. Aucun employé ne devra manquer à ses devoirs.

Art. 36. — Le Chef de l'État, sur la proposition du ministre compétent, nomme à toutes les fonctions des divers départements. Si le ministre juge à propos de démettre de ses fonctions un employé de son ministère, il en fera la proposition au Chef de l'État, qui sanctionnera sa demande.

Art. 37. — Tous les employés, directeurs ou autres, sont responsables vis-à-vis du ministre dont ils relèvent.

Art. 38. — Chaque ministre contresignera les décrets du Chef de l'État concernant son département.

Art. 39. — Il sera dressé par le ministre compétent un rapport détaillé sur les affaires qui lui paraîtraient utiles à l'intérêt général.

Ce rapport sera porté à la connaissance du Chef de l'État qui en ordonnera le renvoi au conseil suprême.

Art. 40. — Le ministre examinera avec soin et sans retard les plaintes qui lui seront adressées contre les fonctionnaires de son département. Dans ce cas il suivra les voies et moyens qui lui paraîtront convenables pour arriver à la connaissance de la vérité. Si le fait est établi, il sera tenu de faire justice au plaignant dans un délai qui n'excèdera pas un mois. Si après ce délai, il n'est pas fait droit à la réclamation du plaignant, celui-ci ne pourra adresser sa plainte par écrit au conseil suprême.

Art. 41. — Si un recours est formé devant le Chef de l'État au sujet d'une plainte adressée au ministre, celui-ci ne pourra se prononcer avant de connaître la décision du Chef de l'État.

Art. 42. — Les plaintes des gouverneurs contre leurs administrés seront portées à la connaissance du Chef de l'État qui les examinera en son conseil.

Art. 43. — Tous les rapports officiels entre le Chef de l'État et les différents corps auront lieu par écrit; car la preuve écrite est celle qui reste.

CHAPITRE VI
De la composition du Conseil Suprême.

Art. 44. — Le nombre des membres composant le conseil suprême n'exèdera pas soixante, dont un tiers sera pris parmi les ministres fonctionnaires de l'ordre civil et militaire. Les deux autres tiers seront choisis parmi les notables du pays.

Les membres de ce conseil auront le titre de conseillers d'État.

Art. 45. — Le Chef de l'État choisira lui-même avec le concours des ministres les membres devant former ce conseil.

Art. 46. — Les Conseillers d'État, à l'exception des ministres, seront nommés pour cinq ans. A l'expiration de ce temps, le conseil sera renouvelé par cinquième tous les ans, au sort, et, à l'expiration des dix années, les plus anciens d'entre eux seront renouvelés par cinquième, et ainsi de suite.

Art. 47. — Le conseil suprême établira, avec le concours du Chef de l'État, qui la signera, une liste de quarante notables, parmi lesquels seront pris au sort les remplaçants des membres sortis.

Art. 48. — Lorsque les trois quarts des notables portés sur cette liste auront été nommés, le conseil étant au complet procédera à la nomination d'autres membres jusqu'au complément de quarante, pour remplacer les membres sortis, ai si qu'il est dit à l'article précédent.

Art. 49. — Les fonctionnaires du gouvernement aptes à remplacer les membres sortants du conseil suprême seront choisis par le Chef de l'État.

Art. 50. — Pendant le temps déterminé par l'article 46, les membres du conseil suprême, à moins d'un crime ou d'un délit prouvé devant le conseil, seront inamovibles.

Art. 51. — Les membres sortis, soit des notables civils, soit des fonctionnaires du gouvernement démissionnaires, seront rééligibles après l'expiration de cinq années du jour de la sortie.

Art. 52. — Pour la validité des délibérations, quarante membres au moins devront être présents.

Art. 53. — Le conseil délibérera à la majorité des voix. En cas de partage, la voix du président sera prépondérante.

Art. 54. — Le conseil nommera parmi ses membres un comité chargé du service ordinaire, tel que donner un avis au Chef de l'État ou aux ministres, lorsqu'ils le demanderont, sur les affaires qui doivent être délibérées en conseil, etc.

Art. 55. — Ce comité sera composé d'un président, d'un vice-président et de dix-huit membres, dont le tiers sera pris parmi les fonctionnaires du gouvernement.

Art. 56. — Pour délibérer valablement, la présence de sept membres, y compris le président ou le vice-président, sera nécessaire.

Art. 57. — Le Chef de l'État nommera lui-même le

président et le vice-président du conseil suprême, qu'il choisira parmi les plus capables.

Art. 58. — Le Chef de l'État nommera également deux des membres du conseil suprême aux fonctions de président et de vice-président du comité chargé du service ordinaire.

Art. 59. — Les fonction. de membres du conseil suprême seront gratuites, leurs services étant pour la patrie.

CHAPITRE VII
Des attributions du Conseil Suprême.

Art. 60. — Le conseil suprême est le gardien de la Constitution. Il s'oppose à la promulgation des lois contraires aux principes du pacte fondamental, à l'égalité de tous devant la loi et à l'inamovibilité de la magistrature, sauf le cas de crime ou de forfaiture. Il aura le droit de statuer sur les arrêts rendus par le tribunal de révision en matière criminelle; sa décision sera sans recours.

Art. 61. — En cas de recours d'un arrêt rendu par le tribunal de révision en matière criminelle, le conseil suprême nommera une commission de douze membres pris dans son sein chargée d'examiner le bien fondé du recours. Si la commission estime que la loi n'a pas été violée par le tribunal de révision, l'arrêt deviendra définitif. Si, au contraire, elle reconnaît que la loi n'a pas été appli-

quée, elle renverra parties et matières devant le tribunal
de révision.

Si le tribunal de révision rend un second arrêt conforme au premier, le conseil suprême statuera lui-même
définitivement sur le conflit à la majorité des voix.

Art. 62. — Le conseil suprême a le droit d'initiative
pour les projets de lois. Si le Chef de l'État adopte ses
propositions, elles seront promulguées et deviendront
lois du royaume.

Art. 63. — Les affaires qui ne peuvent être décidées
qu'après avoir été proposées au conseil suprême, dis-
cutées dans son sein, examinées si elles sont conformes
aux lois, avantageuses pour le pays et les habitants, et
approuvées par la majorité de ses membres, sont: la
promulgation d'une nouvelle loi, l'augmentation ou la
diminution dans les impôts, l'abrogation d'une loi
par une autre plus utile, l'augmentation ou la diminution dans la solde, le réglement de toutes les dépenses, l'augmentation des forces de terre et de mer
et du matériel de guerre, l'introduction d'une nouvelle
industrie et de toute chose nouvelle, la destitution d'un
fonctionnaire de l'État qui aura mérité cette peine
pour un crime commis et jugé, la solution des différends
qui pourraient avoir lieu entre les employés pour cause
de service et des questions non prévues par le code,
l'explication du texte des codes, l'application de leurs
dispositions en cas de différend et l'envoi de troupes pour
une expédition dans le royaume.

Art. 64. — Le conseil suprême aura le droit de contrôler les comptes des dépenses présentés à la fin de chaque année par les ministres afin de vérifier si elles ont été faites conformément aux lois. Il étudiera les demandes de fonds faites par les ministres pour l'année suivante, et fixera lui-même les sommes allouées, en les comparant aux revenus de l'État, de manière que chaque département ne puisse dépenser la somme qui lui sera allouée, ni la dépenser en dehors des objets qui lui seront indiqués. Ces comptes seront discutés et approuvés au sein du Conseil à la majorité des voix.

Art. 65. — Le Chef de l'État aura le droit en vertu de décrets rendus sur l'avis du conseil suprême, de faire des virements d'un chapitre à l'autre du budget pendant le cours de l'année.

Art. 66. — Les plaintes pour les contraventions aux lois, commises soit par le Chef de l'État, soit par tout autre individu, seront adressées au comité chargé du service ordinaire. Le comité sera tenu, dans les trois jours de saisir des dites plaintes le conseil suprême.

Art. 67. — Le conseil suprême tiendra ses séances dans le palais du Chef de l'État.

Art. 68. — Le conseil suprême se réunira, tous les jeudis de neuf heures à onze heures du matin, sans préjudice d'autres convocations si les besoins du service l'exigent.

Art. 69. — L'original des lois sera déposé au palais du Chef de l'État pour y être conservé dans les archives, après qu'une copie en aura été donnée au ministre chargé de pourvoir à son exécution.

CHAPITRE VIII
De la garantie des fonctionnaires.

Art. 70. — Les plaintes portées contre les ministres pour contravention aux devoirs de leurs fonctions ou aux lois seront portées devant le conseil suprême, avec les pièces à l'appui. Si les faits allégués entraînent la suspension, la destitution ou seulement le paiement d'une amende, la peine sera prononcée par le conseil; si, le coupable mérite une peine plus grave, elle sera prononcée par le tribunal criminel.

Art. 71. — Les plaintes contre les autres agents du gouvernement seront portées devant le ministre dont ils dépendent, pour être examinées ensuite par le conseil suprême qui applique la peine prévue par le code.

Toutefois si les faits imputés doivent entraîner une peine plus forte, telle que l'exil, la détention, les travaux forcés ou la mort, l'affaire sera renvoyée devant le tribunal criminel.

Art. 72. — La connaissance des crimes commis par les membres du conseil suprême, par les ministres ou par tout autre fonctionnaire du gouvernement sera dévolue au tribunal criminel qui ne devra poursuivre, sauf

le cas de flagrant délit, qu'après avoir obtenu l'autorisation du conseil suprême.

Art. 73. — Les affaires civiles concernant les agents
du gouvernement dont il est parlé dans l'article précédent seront soumises au tribunal civil, sans l'autorisation
préalable du conseil suprême.

CHAPITRE IX
Du Budget.

Art. 74. — Le ministre des finances soumettra, chaque année au premier ministre un compte des revenus
et des dépenses de l'État pendant l'année écoulée, avec
un aperçu des recettes et des dépenses pour l'exercice
suivant.

Art. 75. — A la fin de chaque année, les ministres
soumettront au premier ministre le détail des dépenses
qu'ils auront faites dans leur département, et demanderont
les fonds dont ils auront besoin pour l'année suivante.
Ainsi, au mois de Moharrem 1277, chaque ministre soumettra ses comptes de l'année 1276 et demandera les
allocations pour l'année 1278.

Art. 76. — Le premier ministre présentera au conseil suprême les comptes des ministres avec les pièces à
l'appui, en les accompagnant des explications nécessaires,
conformément à l'article 64.

CHAPITRE X.
Du Classement des Fonctions.

Art. 77. — Les fonctions civiles se divisent en six classes assimilées aux grades militaires. La première classe correspond au grade de général de division et la sixième à celui de chef de bataillon.

Une loi spéciale désignera la classe à laquelle appartient chacune de ces fonctions.

CHAPITRE XI.
Des droits et des devoirs des fonctionnaires.

Art. 78. — Tout sujet tunisien, qui n'aura pas été condamné à une peine infamante, sera apte à remplir tous les emplois du pays, s'il en est capable.

Art. 79. — Les étrangers qui occuperont en Tunisie des fonctions publiques relevant du gouvernement seront soumis à sa juridiction pendant la durée de leurs fonctions, et après leur démission pour les faits se rattachant à l'accomplissement des dites fonctions.

Art. 80. — Tout fonctionnaire civil, après trente ans d'exercice aura droit à une pension de retraite qui sera déterminée par une loi spéciale.

Art. 81. — Ne pourront être destitués les fonctionnaires civils que pour des actes et des discours portant atteinte à la fidélité exigée dans la position qu'ils occupent. Le conseil suprême sera saisi de l'affaire. Ceux qui les auront accusés faussement seront condamnés à la peine portée à l'article 270 du code pénal.

Art. 82. — Les peines afflictives et infamantes prononcées par le tribunal civil et criminel emportent avec elles celle de la destitution.

Art. 83. — Toute démission devra être donnée par écrit. En aucun cas elle ne pourra être refusée.

Art. 84. — Tout employé qui aura été condamné par le tribunal à changer de résidence, à la prison pour dettes ou à payer une amende pour un délit qu'il aura commis, ne sera pas pour cela rayé des cadres des employés.

Art. 85. — Tout employé du gouvernement, tant civil que militaire, est responsable des trahisons, concussions, contraventions et désobéissances aux lois ou aux ordres écrits de leurs chefs dont peuvent se rendre coupables ses subordonnés.

CHAPITRE XII.

Des Droits et des Devoirs des sujets du royaume tunisien.

Art. 86. — Tout sujet tunisien, quelle que soit sa religion, a droit à une sécurité complète de sa personne, de ses biens et de son honneur, conformément à l'article premier du Pacte fondamental.

Art. 87. — La garde du Pacte fondamental est confiée à tout sujet tunisien, qui veillera à l'exécution des lois et règlements promulgués par le Chef de l'État, en conformité avec le dit pacte. A cet effet, après avoir pris connaissance des lois et règlements nouveaux, il pourra par voie de pétition, dénoncer au conseil suprême les infractions qu'il y aurait.

Art. 88. — Tous les sujets du royaume de Tunis sont égaux devant la loi, qui leur est applicable indistinctement, sans exception de rang ni de fortune.

Art. 89. — Tous les sujets du royaume de Tunis auront la libre disposition de leurs personnes et de leurs biens. Aucun ne pourra être contraint contre son gré, si ce n'est au service militaire. L'expropriation pour cause d'utilité publique sera toujours compensée par une juste et préalable indemnité.

Art. 90. — Les crimes, les délits et les contraventions commis par les sujets tunisiens, quelle que soit leur religion, seront soumis aux tribunaux réguliers, qui statueront conformément aux dispositions légales.

Art. 91. — Tout sujet tunisien sera, dès l'âge de dix-huit ans, soumis à l'état militaire, celui qui s'y soustraira sera puni d'après le code militaire

Art. 92. — Tout sujet tunisien expatrié, qu'il se soit fait ou non naturaliser à l'étranger, reprendra sa qualité de sujet tunisien en rentrant dans le royaume.

Art. 93. — Tout sujet tunisien expatrié et propriétaire d'immeubles en Tunisie, aura le droit de les vendre ou de les louer, pourvu que les contrats de vente ou de louage soient passés en Tunisie et conformément aux lois du royaume. S'il est poursuivi pour dettes, il sera déduit du produit de la vente ou du louage, le montant de ce qu'il doit.

Art. 94. — Les Tunisiens non musulmans qui changeront de religion continueront à être sujets tunisiens et soumis à la juridiction du pays.

Art. 95. — Tout sujet tunisien, sans distinction de religion, qui possédera des immeubles dans la Tunisie, sera tenu d'acquitter les droits qui les grèveront en vertu des lois et règlements.

Art. 96. — La cession d'immeubles, de quelque nature qu'elle soit, ne pourra être faite en Tunisie à peine de nullité qu'à ceux qui ont le droit de posséder dans le royaume.

Art. 97. — Tout sujet tunisien, sans distinction de religion, pourra pour les besoins de son industrie, employer tels engins et machines qu'il voudra, quand même cela aurait des inconvenients pour ceux qui voudraient continuer à se servir des anciens procédés.

Aucune machine ne pourra être installée dans la ville ou aux environs sans l'autorisation du chef de la municipalité, qui devra veiller à ce qu'aucun dommage n'arrive du nouvel établissement.

Les machines venant de l'étranger seront soumises au droit de douane.

Tous les sujets tunisiens exerçant une industrie seront soumis aux lois et règlements sur la matière.

Il est expressément défendu aux particuliers de fabriquer la poudre, le salpêtre, les armes et les munitions dont l'État se réserve le monopole.

Art. 98. — Tous les sujets tunisiens peuvent se livrer au commerce d'importation et d'exportation en se conformant aux lois et règlements relatifs aux droits d'entrée et de sortie.

Art. 99. — Tous les sujets tunisiens devront se soumettre aux prohibitions qui pourraient, si l'intérêt du pays l'exigeait, être faites au sujet de l'importation et de l'exportation de certains produits, tels que les armes, la poudre et le tabac.

Art. 100. — Les commerçants du royaume seront libres d'embarquer eux-mêmes les produits de leur commerce, sans être obligés d'user des moyens de transport de tel ou tel fermier, pourvu qu'ils fassent peser et mesurer leurs marchandises par les peseurs et mesureurs publics du royaume qui percevront un droit.

Art. 101. — Tout navire, quelle que soit sa nationalité, entrant dans un port tunisien pour faire le commerce sera tenu de payer un droit de port qui sera ultérieurement déterminé d'une manière uniforme pour toutes les villes maritimes du royaume.

Art. 102. — Pour faciliter le développement du commerce, le gouvernement adoptera un système uniforme de poids et mesures, qui sera mis en vigueur en vertu d'une loi spéciale.

Art. 103. — Les droits et redevances du royaume ne seront plus affermés ; les employés du gouvernement les percevront directement en vertu d'une loi élaborée dans ce but.

Art. 104. — Le gouvernement ne prélèvera plus aucun droit en nature, à l'exception des dîmes sur les récoltes des grains et des olives.

CHAPITRE XIII

Des droits et des devoirs des sujets étrangers établis dans le royaume de Tunis.

Art. 105. — Les sujets étrangers établis dans le royaume de Tunis auront le libre exercice de leur culte.

Art. 106. — Aucun d'eux ne sera contraint de changer de religion ou de conserver ses premières croyances, s'il veut les modifier.

Leur changement de religion ne pourra changer ni leur nationalité, ni la juridiction dont ils relèvent.

Art. 107. — Ils jouiront de la sécurité personnelle qui est garantie aux sujets tunisiens par la constitution.

Art. 108. — Ils ne seront soumis ni à la conscription ni à aucun service militaire, ni à aucune corvée dans le royaume.

Art. 109. — Ils jouiront de la sûreté pour leurs biens et pour leur honneur qui est garantie par la constitution aux sujets tunisiens.

Art. 110. — Les étrangers établis dans le royaume auront les mêmes facultés accordées aux sujets indigènes relativement aux industries à exercer et aux machines à introduire dans les États de Tunis : ils seront soumis aux mêmes charges et conditions

Art. 111. — Toutefois ils ne pourront établir des usines que dans leurs possessions et à la place qui leur sera désignée par la municipalité, ainsi qu'il est dit à l'article 97.

Art. 112. — Les sujets étrangers pourront se livrer au commerce de l'importation et de l'exportation pourvu qu'ils se soumettent, comme les sujets tunisiens aux charges et restrictions auxquels ces derniers sont soumis.

Art. 113. — L'article II du pacte fondamental confère aux étrangers le droit de posséder des biens immeubles dans les états tunisiens à des conditions à établir ; mais pour des motifs tirés de l'état intérieur du pays les étrangers ne peuvent présentement être autorisés à posséder. Une loi spéciale déterminera plus tard les quartiers de la capitale et les localités de la Régence où la faculté de posséder leur sera accordée, à la condition qu'ils se soumettent aux lois établies ou à établir.

Art. 114. — Les créatures de Dieu étant égales devant la loi, quelles que soient leur origine, leur religion et leur rang, les sujets étrangers seront soumis aux divers tribunaux que nous avons établis.

Le choix des juges, la précision des lois à appliquer et

les degrés de la juridiction sont pour tous une garantie d'impartialité ; néanmoins il a été statué, pour donner aux décisions rendues par la justice, une autorité plus grande, que les consuls ou leurs délégués seront présents dans les affaires civiles ou criminelles concernant leurs administrés.

CHAPITRE SIXIÈME

IMPÔTS PUBLICS. — ARMÉE. — MARINE.

Les contributions peuvent être comparées à la cotisation payée par les membres d'une société pour couvrir les frais généraux.

Cette prime, moyennant laquelle tout gouvernement assure les personnes et les propriétés contre les risques de la révolte, n'est pas volontaire, comme la prime d'assurance payée aux compagnies; c'est une dette qui est contractée par quiconque participe aux avantages de la vie sociale, sous un gouvernement protecteur de la paix publique. Il est donc naturel que l'impôt soit proportionnel à la fortune des contribuables, de la même manière que la prime des sociétés d'assurance est proportionnée au chiffre des sommes assurées.

Dans la Régence les impôts sont prélevés sur tout le peuple. A Tunis chaque homme paie trois piastres par mois (environ 2,15) comme impôt personnel. En outre tous les magasins ont un droit à payer.

Les impôts sont la *Medjeba* ou capitation, *l'Achour* ou impôt de la charrue, le *Quanoun* ou impôt sur les olives et les palmiers, enfin la *Lezmat*, comprenant toutes les fermes adjugées aux enchères.

Les Cheiks prélèvent l'impôt sur les tribus ; mais comme quelques tribus des frontières de Tripoli et du grand désert refusent parfois de payer ces impositions, le Bey envoie deux fois par an des camps pour les prélever, et ceux-ci contraignent bientôt les rebelles à s'acquitter de cet impôt. C'est ordinairement le prince héréditaire qui commande l'expédition, d'où lui vient le titre de Bey de Camp.

Il y a deux camps dans l'année. Le premier part en janvier et revient à la fin de mars ; il rapporte des couvertures, des burnous, du beurre salé, et il ramène des chameaux chargés d'argent. Le second a lieu en automne, il dure également deux mois, et il rapporte du blé, de l'orge, des dattes, et de l'argent.

Lorsque le bey de camp arrive de son voyage, le jour de son retour est signalé d'avance, et devient fête. Le souverain se transporte au Bardo dans un magnifique carrosse couleur rose-tendre doré, et sur le panneau duquel sont peintes les armes de sa famille ; ce carrosse est traîné par neuf mules du plus grand prix, attelées trois par trois. Le bey régnant est escorté par les grands officiers de la cour, montés sur les plus beaux chevaux du pays. Ces superbes animaux sont caparaçonnés à la façon des chevaux des chevaliers du moyen-âge lorsqu'ils paraissaient dans un grand tournoi : ils ont des housses de soie brillante aux couleurs vives et variées, qui couvrent

presque entièrement la partie inférieure de leurs corps ;
ils ont des selles de velours bleu, violet ou grenat, brodés d'or ou d'argent fin, et dont quelques-unes coûtent
jusqu'à douze ou quinze mille francs. Ces nobles coursiers
ont l'allure fière qui distingue le cheval arabe ; ils ont
aussi ces membres déliés, souples et élégants, ces jambes
fines, cette tête petite et gracieuse, ces yeux noirs, vifs,
pleins d'intelligence qui sont le partage de ce bel animal
si fort apprécié en Orient, et que le Koran appelle « le
bien terrestre par excellence. »

Un peuple immense est rassemblé dans les environs du
Bardo : les maures dans leurs carosses, les juifs dans des
espèces d'omnibus, les européens à cheval ou en voiture
sont venus de Tunis pour jouir de ce spectacle.

Quelques-uns des consuls vont à la rencontre du prince
héréditaire.

Un très grand nombre de femmes voilées, font entendre à la fois, pour témoigner leur joie, un cri particulier,
espèce de trille aigu sur la syllabe you! you! lequel dure
environ deux minutes, et finit simultanément et brusque-
ment. Ce cri perçant et prolongé est produit par le gosier,
qui est frappé légèrement, mais à coups redoublés, avec
la main droite.

La troupe défile lentement au son de la musique. La
cavalerie l'a précédée. Chaque cavalier qui arrive devant
la porte du palais du Bardo avec son cheval, lancé au
grand galop, s'arrête instantanément, après avoir aupara·
vant tiré un coup de fusil, en l'air, lancé ce fusil dans

l'espace, et l'avoir reçu avec une extrême dextérité : tout cela pendant la course à fond de train de son cheval.

Le bey de camp, entouré de son état-major passe à son tour entre deux haies de soldats du Bardo qui bordent la route et retiennent les curieux. A son arrivée le canon gronde, la musique redouble ses fanfares, et les femmes leurs trilles aigus. De tous côtés les cavaliers se livrent à la fantasia, c'est-à-dire renouvellent leur course en lançant leurs chevaux qui partent comme des flèches, en tirant des coups de fusil, en agitant leurs armes en l'air et en les faisant tournoyer au dessus de leur tête, tout en accompagnant leur manœuvre de joyeux cris de fête.

Pendant ce temps les Européens, qui se tiennent debout dans leurs voitures découvertes pour mieux voir, cherchent à s'y maintenir en équilibre au milieu de l'effroi et de l'impatience de leurs chevaux, qui ne peuvent rester tranquilles, malgré tous les conseils et les avertissements dont les gratifient les cochers maltais, qui finissent généralement par leur administrer quelques volées de coups de fouet.

La cérémonie terminée, les chameaux chargés d'argent et de marchandises rentrent à Tunis ; les troupes se retirent ; les juifs repartent dans leurs omnibus et s'y entassent de nouveau, au risque d'étouffer ou d'écraser les plus petits d'entre eux ; les seigneurs de la cour caracolent en escortant le carrosse du prince qui rentre dans son palais, traîné par ses neufs vaillantes mules.

Mais si le bey seul a le droit de percevoir les impôts,

c'est qu'aussi il a seul l'administration des revenus publics, celle de la police générale et particulière, et la
haute surveillance des fonctionnaires, et de tout ce qui
regarde l'armée, la marine et les travaux publics.

Malgré cette multitude d'objets différents qui réclament
tant d'attention et de temps de la part d'un souverain,
tout est dirigé avec ordre et précision dans ces diverses
administrations. Celles-ci sont, il est vrai, réduites à leur
plus grande simplicité, d'où l'avantage de l'économie, de
la célérité, et d'une facilité de surveillance telle que d'un
seul coup d'œil le prince peut s'apercevoir des abus ou des
malversations qui pourraient se glisser dans l'État.

Tous les trois ou quatre ans le prince régnant passe
une grande revue des troupes irrégulières, et surtout de
la cavalerie qui se rend aux expéditions bisannuelles pour
percevoir les impôts dans les tribus de l'intérieur. Les
cavaliers défilent, homme après homme, montés sur leurs
chevaux. Un officier appelle à haute voix le nom de chaque individu, tandis qu'un scribe enregistre à mesure
les observations, et que quatre caïds richement vêtus servent d'introducteurs.

Des serviteurs du Bey, entièrement couverts de magnifiques vêtements rouge-ponceau, font à la fois l'office d'huissiers et d'exécuteurs ; l'un d'eux, par exemple,
est muni d'une immense paire de ciseaux ; un autre d'un
panier, un troisième tient en respect le cheval que l'on
examine, alors que son cavalier, qui est en selle, est appelé à haute voix par le scribe. Chaque homme reste

ainsi deux ou trois minutes devant le pavillon du bey, qui fait connaître sa décision par un simple signe.

Aussitôt que le cavalier et sa monture sont acceptés, le serviteur vêtu de rouge, qui est muni de la grande paire de ciseaux, et qui a les yeux constamment fixés sur le pavillon royal, saisit les crins de la queue du cheval, et donne un coup de ciseaux au bout de cette queue dont les crins sont reçus dans le panier de l'autre serviteur, vêtu également en ponceau.

Le cavalier est généralement accepté, à moins qu'il ne soit trop vieux. Le cheval ne l'est pas toujours: il est refusé s'il a l'air trop chétif, ou s'il lui est survenu quelque accident. Dans ce cas, les serviteurs font descendre l'homme, et entraînent le cheval dans une des écuries du prince, où il est marqué comme hors de service.

Tous les chevaux de la cavalerie appartiennent au bey, qui les fait remplacer quand ils sont devenus vieux ou impropres à la fatigue. Le malheureux cavalier dont le cheval est blessé ou trop maigre, et qui craint d'en être séparé sollicite quelquefois du bey la faveur de garder sa monture. Quelques hommes arrivent à pied, apportant et tenant à la main la queue entière de leur cheval pour prouver qu'il a péri.

Cette revue dure plusieurs heures, et, malgré la longueur de la séance, le bey, soucieux des intérêts de son armée, examine tout, donne constamment son avis, et bien souvent, la revue terminée, va présider le Conseil des ministres.

L'armée tunisienne a acquis peu à peu l'importance et la discipline militaire qu'elle a aujourd'hui. Le bey Hammouda-Pacha entretenait à la fin du siècle dernier vingt-mille hommes de troupes réglées, plus cinq mille Turcs-Mameluks ou Koulouglis, deux mille Spahis-Maures et trois mille Zouaouas.

Quant aux irréguliers, dans le cas d'une guerre on avait sous la main vingt-mille Zouaouas, et même jusqu'à cinquante mille Bédouins simplement enrôlés pour cette occurrence, et ne servant que dans les occasions extraordinaires. Dix mille Arabes de la campagne servaient pour accompagner les camps ou les troupes réglées lorsqu'elles étaient en marche pour une expédition, mais ces Arabes pouvaient vaquer à leurs occupations en temps ordinaire.

Les Mameluks étaient destinés à la garde du Bey.

Sous les souverains qui succédèrent à Hammouda-Pacha, les choses restèrent à peu près dans le même état; mais le bey Ackmed donna à l'armée une organisation nouvelle. Ce prince avait quarante mille hommes de troupes régulières, auxquelles il imposa un costume uniforme. Cet uniforme se compose pour les soldats d'une veste boutonnée et d'un large pantalon; la veste est rouge ou bleu foncé, suivant les régiments; le pantalon est de drap garance, ou de toile blanche suivant la saison. Les officiers portent la capote avec des épaulettes distinctives, le pantalon droit, en drap noir orné de broderies ou d'une large bande en or, des bottes vernies et des gants de paille. La coiffure est, pour tous, la chéchia rouge, garnie d'un flot de soie bleue.

Achmed-bey organisa une mission militaire, destinée à instruire, à régulariser et à discipliner les troupes tunisiennes. A la tête de cette mission étaient placés des officiers supérieurs étrangers, tels que MM. H. de Margadel, des Charmes, Lavelaine-Maubeugue, etc.

Les cinq ou six casernes de Tunis et de ses environs sont fort bien tenues et très bien distribuées.

Le corps des Hambas a des fonctions analogues à celles des corps de la gendarmerie en Europe.

Tous les soirs la retraite au clairon et au tambour retentit dans les rues de Tunis.

Il y a à Tunis, d'après M. Dunant, sept régiments de troupes régulières, chacun de quatre mille hommes, deux régiments de cavalerie, deux régiments d'artillerie, et un de marine.

Il y a deux généraux de division, sept généraux de brigade, sept colonels et sept lieutenants-colonels.

Le général de division s'appelle Férick ;
Le général de brigade   —   Liona ;
Le colonel   —   Amiralaï ;
Le lieutenant-colonel   —   Kaïmakan ;
Le gros-major   —   Allaï-Amin ;
Le commandant   —   Bin-Bachi ;

Le capitaine-major	—	Koulaghassi;
Le capitaine	—	Sous-Bachi;
Le lieutenant	—	Moulazem;
Le sergent-major	—	Bach-Chaouch;
Le sergent	—	Chaouch;
Le caporal	—	On-Bachi;
Le soldat	—	Nafer ou Askri.

Les officiers de tout rang portent au cou la marque distinctive de leur grade: elle est en argent, en or ou en diamants.

Le bey nomme directement à tous les grades. La seule décoration pour le mérite civil ou militaire est le Nicham tunisien.

Si Tunis n'a pas une marine considérable, c'est que jamais cette ville ne s'est livrée à une piraterie continue comme Alger. Elle possède une frégate, deux bricks, trois vapeurs, deux corvettes, ainsi qu'un très grand nombre d'autres vaisseaux moins considérables. Vers 1820 la marine de l'État comptait déjà plus de cent sept bâtiments.

La régence est en rapports suivis avec l'Europe au moyen de quatre lignes de steamers et trois cents navires de cabotage environ. Les bâtiments de commerce prennent leurs cargaisons dans les ports de Tunis, de Bizerte, de Porto-Farina, de Djerby, de Souza; mais toutes les marchandises entrent par celui de la Goulette.

———

CHAPITRE SEPTIÈME

LE COMMERCE A TUNIS DANS L'ANTIQUITÉ ET DE NOS JOURS. — PRODUCTIONS ET INDUSTRIE.

Dans l'antiquité, la côte d'Afrique a un moment porté la métropole du monde commerçant. La grandeur de Carthage n'avait pas d'autre base que le commerce. Cette république, dont le territoire était renfermé dans d'étroites limites, exploitait par ses marchands la vaste région au bord de laquelle elle était assise. A chaque page des anciens historiens, on trouve des traces de la richesse des villes qui depuis sont tombées dans le dernier état de misère. Telles sont Bedja, dont les marchés attiraient en foule les négociants italiens (1), Adrumète, Thapse et Utique, auxquelles César. pouvait imposer, en passant, une contribution de treize millions de sesterces (2).

Les établissements formés au moyen âge par les Ara-

---

(1) Oppidum Numidarum nomine Vacca, forum rerum venalium maxume celebratum, ubi et incolere et mercari consueverant italici generis multi mortales (*Jugurtha*, 47).

(2) *De Bello Africano*, 97.

bes, en Sicile, en Sardaigne, en Corse, dans les îles Baléares, sur les côtes d'Espagne, supposent l'existence
d'une marine nombreuse, et par conséquent d'un commerce étendu ; mais nous ne possédons encore sur cette
époque que peu de documents positifs. De ce nombre
sont ceux qui se rattachent à l'histoire de Pise.

A la fin du dixième siècle, les navigateurs de cette république avaient déjà des traités particuliers avec les sultans d'Egypte et de Damas ; ils étendaient leurs relations
commerciales et maritimes, et dans les Etats de ces
princes, et dans tout l'empire d'Orient ; mais en 1167,
chassés de ces contrées et privés du commerce de la Sicile, ils cherchèrent chez les Sarrasins l'emploi de leurs
capitaux et de leur activité. Ils envoyèrent à cet effet
leur premier consul, le fameux Cocco Griffi à Abdallah
Boccoras, sultan de Tunis et à l'émir de Bougie.

De là datent leurs premiers établissements sur les côtes
septentrionales d'Afrique, et leur droit d'y établir des
comptoirs, des douanes, des consulats et des églises.

Les archives de Florence possèdent le traité, en italien et en Arabe, qui fut conclu le quatorze du mois de
hreval de l'an 662 de l'hégire, entre les Pisans et les Califes.

Ce traité, dont je ne connais pas le texte, portait le
renouvellement et la consécration des privilèges antérieurement accordés ; il était probablement conforme à
celui de la même époque, que cite Marini dans son *Histoire du commerce de Venise.*

Je ne saurais mieux faire, pour donner une idée des relations qui existaient alors en Afrique entre les Chrétiens et les Musulmans, que d'en donner ici le texte et la traduction.

PACTUM inter Pisanos et regem africanum Saracenorum. Ann. Dom. 1230.	TRAITÉ entre les Pisans et le roi des Sarrasins d'Afrique. 1230.
1. Si accorda ai Pisani mercanti di esser salvi e sicuri per tutta l'Africa, e nella terra di Bugea ed altre del dominio del rè, per lo spazio di anni 30.	1. Il est accordé aux marchands pisans sûreté et protection dans toute l'Afrique, dans le pays de Bougie et toutes les autres contrées soumises à la domination du roi, pendant l'espace de trente années.
2. Fondaco, chiesa, cimiterio e bagno per ogni settimana in qualcunque città soggetta al rè.	2. Ils pourront, à toute époque, avoir, dans toute ville sujette du roi, fondouk, église, cimetière et bains.
3. Pagheranno un dieci delle merci, ed un cinque per cento dell'oro et dell'argento.	3. Ils payeront un dixième pour les marchandises, et un droit de cinq pour cent pour l'or et l'argent.
4. Nei naufragi aver debbono dai sudditi del monarca protezione ed ajuto per il ricupero delle persone ed effetti, senza aggravio alcuno, salva la portatura.	4. En cas de naufrage, ils devront recevoir des sujets du roi protection et secours pour le sauvetage, tant des personnes que des effets naufragés, sans qu'il leur soit porté aucun préjudice, sauf les frais de portage.
5. Possano provedersi all'uopo di vettovaglia, e comprar e vender merci con le contribuzioni che s'usano; ed accordato vien lo stesso all'estraneo che fosse con esso loro.	5. Ils pourront se pourvoir, au besoin, de vivres, et acheter et vendre des marchandises, en payant les droits ordinaires; et le même privilège est accordé aux étrangers qui se trouveraient avec eux.
6. Non sieno trattenuti i mer-	6. Si les marchands veulent

canti, spicciati i loro affari, quondo vonno partire.

7. Non sia proibito ai Pisani di vendere fuor di dogana.

8. Si deva dilatare il loro fondaco come quello dei Genovesi, separandosi con un muro l'uno dall'altro ; in guisa che non vi sia communicazione tra le due nazioni.

9. Volendo i Pisani vender nave, non paghino diritto, purchè venduta non sia ai nemici del rè.

10. Pagatto il diritto, possano essi Pisani portar le merci e venderle in qualunque luogo del regno, assolti dal pagar lo nei noli.

11. Se il rè volesse per uso suo di trasporto alcuna delle loro navi, pagherà il terzo della nave medesima, laqual sarà destinata dal console della nazione.

12. Se alcun Pisano volesse ad un suo nazionale cedere il proprio diritto che tien nella dogana, possa far lo giusto la stima che sarà fatta del diritto medesimo sublocato.

13. Il console dei Pisani potrà vedere la faccia del rè in ogni mese per una volta, in qualsisia luogo ove si trovi, e medesimamente di tutti quelli che governano alcuna terra a nome del rè.

partir, ils n'en pourront être empêchés, et il ne pourra être mis d'embargo sur leurs marchandises.

7. Il ne sera pas défendu aux Pisans de vendre hors de la douane.

8. Leur fondouk devra être agrandi comme celui des Génois; mais séparé de ce dernier par un mur, afin qu'il n'y ait pas de communication entre les deux nations.

9. Quand les Pisans voudront vendre un navire, ils ne payeront aucun droit, pourvu qu'ils ne le vendent pas aux ennemis du roi.

10. Le droit payé, les Pisans pourront transporter leurs marchandises et les vendre dans toutes les parties du royaume, à la charge d'en payer le transport.

11. Si le roi demande aux Pisans un de leurs navires pour son usage particulier, il payera le tiers de la valeur du navire qui lui sera envoyé par le consul de la nation.

12. Si un Pisan veut céder à un de ses compatriotes le droit qu'il tient personnellement de la douane, il le pourra faire selon l'estimation qui sera faite du droit sous-loué.

13. Le consul des Pisans pourra paraître une fois chaque mois en la présence du roi, dans quelque lieu que celui-ci se trouve ; et il sera reçu pareillement par tous les chefs qui gouvernent dans le pays au nom du roi.

14. Se alcun Pisano andrà in corso a danno dei sudditi del rè, il console dovrà punir lo e confiscar gli ogni effetto.

14. Si un corsaire pisan fait éprouver quelque dommage à un sujet du roi, le consul devra le punir et confisquer son chargement.

15. Non potrà alcun Pisano comprar effetti derobati ai Saraceni, e cosi vice versa.

15. Aucun Pisan ne pourra acheter des effets dérobés à un Sarrasin, et réciproquement.

16. Il solo console di Pisani s'entrometta nelle differenze che tra essi vi fossero.

16. Le consul pisan interviendra seul dans les différends qui s'élèveront entre gens de sa nation.

17. Non sia lor vietato di comprare in qualunque luogo e dagli stessi Genovesi, e siano salvi, sicuri e protetti secondo ogni buona consuetudine che si usa con alcuni cristiani nella nostra terra.

17. Les marchands pisans sont autorisés à faire des achats dans tous les endroits de notre empire, et à traiter même avec les marchands génois. Qu'ils soient sains et saufs, protégés, et traités avec les égards dont nous usons vis-à-vis des autres chrétiens établis dans notre empire.

Les Génois nommés aux articles 8 et 17 du traité n'étaient sans doute pas soumis, vis-à-vis des Bougiotes, à des conditions différentes de celles qu'on accordait aux Pisans.

En 1251, les Vénitiens concluaient, pour quarante ans, avec Boabdil, sultan de Barbarie, un traité de paix et de commerce qui fut fidèlement observé (1).

Les principes équitables et libéraux dont ces conventions sont empreintes recevaient leur application dans

(1) Quæ pax fuit firmata ad quadraginta annos, et inter id tempus fuere securi universi Venetianorum mercatores per mare et terram per totum regnum ipsius soldani (DANDOLO, Chron. venet.).

toutes les relations avec les nations européennes ; elles se retrouvent dans le traité de 1309, conclu entre Ali-Abou-Zagri, émir de Bougie, et le roi d'Aragon don Jayme II (1). Il offre cette particularité remarquable qu'un prince musulman traitant avec des chrétiens prend un chrétien pour plénipotentiaire.

TRATADO de paz, alianza y comercio, ajustado entre el rey de Bugia Alid-Abou-Zagri y D. Jayme II de Aragon, por cinco anos, en que se conceden varias franquicias a los Catalanes. A.D. 1309.	*TRAITÉ de paix, d'alliance et de commerce, conclu, en 1309, pour cinq ans, entre le roi de Bougie Ali-Abou-Zagri et D. Jayme II, roi d'Aragon, concédant diverses franchises aux Catalans.*

Aquesta es la treua feta entra el molt alt senyor D. Jacme, per la gracia de Deu rey d'Arago, de Valencia, de Sardenya è de Corcega, è compte de Barchelona, e de la santa Esgleya de Roma senyaler almirant è capitan general ; è el noble rey de Bugia Alid-Abou-Zagrin, a en Garcia Perez de Mora, missatge è procurador seu per nom dell, del altra.

1. Primerament, que sia treua entra el dit senyor rey d'Arago è el dit rey de Bugia sana è salva è a bon enteniment, de la festa de Sent-Johan primerament a sinch anys continuament seguens.

Ceci est le traité conclu entre le très-haut seigneur D. Jayme, par la grâce de Dieu roi d'Aragon, de Valence, de Sardaigne et de Corse, comte de Barcelone, senyaler de la sainte Eglise romaine, amirante et capitaine général, d'une part ; et le noble roi de Bougie Ali-Abou Zagri, représenté par D. Garcia Perez de Mora, son envoyé et fondé de pouvoirs, d'autre part.

1. Premièrement : soit le présent traité entre le roi d'Aragon et le roi de Bougie maintenu sain et sauf, et à bonne entente, pendant cinq années consécutives, à partir de la fête de Saint-Jean.

(1) CAPMANY, *Memorias istoricas sobre Barcelona*, t. IV.

En axi, que tot hom, de qual-que condicio sia, de la terra è senyoria de dit rey d'Arago, pus-ca anar è estar, è exir salvament è segura, per mar e per terra, en la terrra è senyoria del dit rey de Bugia, ab totes ses mer-caderies è ab totes sos bens è coses, è en aquella no sia em-bargat no empatxat per neguna raho, ells pagant lo dret que aien a pagar per las mercaderies lurs.

En consequence, tout sujet du roi d'Aragon, quelle que soit sa condition, pourra venir, soit par terre, soit par mer, sur le terri-toire du roi de Bougie, y demeu-rer, et en sortir avec sécurité, avec toutes ses marchandises et tous ses biens, sans qu'il puisse en être empêché sous aucun pré-texte, en payant le droit imposé sur ses marchandises.

En aquesta matexa manera, que tot Sarrahin, de qualque condicio sia, de la terra è senyo-ria del dit rey de Bugia pusca anar è estar è exir salvament è segura, per mar è per terra, en la terra è senyoria del dit senyor rey d'Arago, è ells pagant le dret que aien de pagar per las mercaderies lurs.

Réciproquement, tout Sarra-sin, quelle que soit sa condition, sujet du roi de Bougie, pourra venir, soit par mer, soit par terre, sur le territoire du roi d'Aragon, y demeurer et en sortir avec sécurité, en y payant le droit qui sera imposé sur ses marchan-dises.

2. Sia que tot mercader o altre de la senyoria del dit rey d'A-rago, qui serà en alcù loch de la senyoria del rey de Bugia, è volrà partir daquel per anar en altre loch per terra, que sia tengut de denunciar ho a aquel qui sera en lo dit loch per lo dit rey de Bugia, per tal que aquell pus salvament è segura pusca anar la hon volra; en altra manera, si non denunciaba, qu'el rey de Bugia no fos tengut de dan que hi preses; è aço mateix sia dels mercaderes del rey de Bugia qui partiran dalcun loch de la senyoria del rey d'Arago è vol-ran anar en altre loch.

2. Tout marchand ou tout au-tre individu sujet du roi d'Ara-gon, résidant dans une des villes du royaume de Bougie, qui vou-dra quitter cette résidence pour une autre, sera tenu d'en faire la déclaration à l'agent institué à cet effet par le roi de Bougie, afin d'en obtenir le sauf-conduit nécessaire pour le voyage qu'il voudra entreprendre ; si cette déclaration n'a pas été faite, le roi de Bougie ne sera responsa-ble d'aucun des dommages qui pourraient survenir. Les mêmes formalités s'observeront à l'égard des marchands bougiotes établis dans les pays soumis au roi d'Aragon.

3. Que tots los catius que sien de la terra o senyoria del rey d'Arago è son en la terra del rey

3. Tous sujets du roi d'Aragon, qui se trouvent captifs dans le pays de Bougie, seront inconti-

de Bugia, que sien encontinent relats è absolts franchament, è liurats a aquells missatges qu'el senyor rey d'Arago hi tramet, è en aço enten lo senyor rey d'Arago frare Francesc de Relat è sos companyons è sa companya; è atresi, que aquells catius que sien del rey de Bugia è son en la terra del rey d'Arago, que sien relats è absolts franchament è liurats a aquell qu'el rey de Bugia volra.

nent mis en liberté, sans rançon, et rendus aux personnes que le roi déléguera pour opérer leur délivrance ; la volonté du roi d'Aragon est que frère François de Relat et ses compagnons soient compris dans ce nombre. Pareillement, si des sujets du roi de Bougie sont en captivité dans un des pays obéissant au roi d'Aragon, ils seront délivrés, sans rançon, et remis aux mains de la personne que le roi de Bougie désignera.

4. Que con en lo temps passat, molt è diverses Sarrahins mercaders è altres de la terra è senyoria del rey de Bugia hagen estat, usat é mercadejat en laterra é senyoria del senyor rey d'Arago, promet lo senyor d'Arago que si per alcu a alcuns de la terra sua es deguda neguna quantitat de moneda a alcu o alcuns de la terra è senyora del dit rey de Bugia, que fara encontinent a ells complidament satisfer en lurs deutes; è atresi meteix promet lo rey de Bugia è el dit en Garcia Perez de Mora en nom dell que si a alcu o alcuns de la terra del rey, d'Arago es deguda neguna quantitat de moneda per lo dit rey de Bugia o alcu o alcuns de 'a terra sua, que lurs sia encontinent per ell complidament satisfet en lurs deutes.

4. Le roi d'Aragon promet, au cas qu'un de ses sujets se trouve être débiteur d'un Bougiote établi dans un des pays relevant de sa couronne, de faire rembourser au créancier la totalité de sa créance, dans un court délai ; de son côté, D. Garcia Perez de Mora prend, au nom du roi de Bougie, l'engagement d'en user de même à l'égard des sujets du roi d'Aragon, qui se trouveront être créanciers, soit du roi de Bougie lui-même, soit de quelqu'un de ses sujets.

5. Que los gents del senyor rey d'Arago hagen en Bugia è en los lochs de la terra del dit rey de Bugia aquells Fondechs que antigument acostumaren d'aver, è que hagen aqui consol è totes altre coses segon que acostumat es en lo temps passat.

5. Les sujets du roi d'Aragon continueront d'avoir à Bougie, et autres lieux soumis à l'autorité du roi Abou-Zagri, des fondouks tels qu'ils en possèdent depuis longtemps, et un consul, aux mêmes conditions qu'autrefois.

6. Qu'el senyor rey d'Arago deja fer ajuda al dit rey de Bu-

6. Le roi d'Aragon devra, toutes les fois qu'il en sera requis

gia, totavia que per ell ne sera request dins los synch anys, de deu galeas, lesquals lo dit rey de Bugia pusca menar contra Algier o altres terres de Moros, la hon li placia en ajuda sua, exceptato aquells que son en pace o en treua ab lo dit senyor rey d'Arago. En axi, qu'el rey de Bugia sia tengut de donar primerament dos mille doblas per armament de cascuna galea a quatre meses, è si les havia mester oltre les dits quatre meses, que sia tengut de donar sinch centes doblas a cascuna de las dites galeas per cascun mes.

par le roi de Bougie, pendant les cinq années que durera le présent traité, lui fournir, à titre de secours, deux galères que le roi de Bougie pourra mener contre Alger ou tout autre pays des Maures qui ne sera pas en paix avec le roi d'Aragon. De son côté, le roi de Bougie sera tenu de payer d'abord deux mille doubles pour l'armement de chaque galère, pour quatre mois; et, en outre, s'il les garde passé ce terme, cinq cents doubles, chaque mois, pour chaque galère.

7. Volen è consenten lo dit senyor rey d'Arago è el dit rey de Bugia que si, per ventura, dins los synch annis dits, si donaban alcun dan per alcù corsari de la una part al altre, que per aço no sia trencada la treva dessusdita, pus que del dit dan donat se pusca fer rahonable satisfaccio per la part que el dan haura dat. Que cascu sia tengut de satisfer lo dan dins lo mes depuys que per la part ne sera request per missatge o per lettres.

7. Il est bien et dûment convenu entre le roi d'Aragon et le roi de Bougie, que les dommages que viendront à se causer mutuellement les corsaires des deux pays pendant la durée du traité ne seront pas une cause de rupture, et qu'il sera seulement donné satisfaction à la partie lésée en l'indemnisant convenablement de ses pertes. Cette satisfaction devra être donnée dans le mois où la demande en sera faite d'une part ou de l'autre, soit par commissaires, soit par lettres.

8. Encara promet lodit en Garcia Perez de Mora que, dis un mes depuis que la nau en que va sera a Bugia, lo rey de Bugia ratificara aquesta treua de tots los capitols, è segellara las cartes aquen fetes ab son segel; è, si non feya, qu'el rey senyor d'Arago no sia en aquesta treua ne d'altres coses tengut ne obligat.

8. D. Garcia Perez de Mora s'engage à faire ratifier, dans le mois de son retour à Bougie, tous les articles du présent traité par le roi Abou-Zagri, et à les lui faire sceller de son sceau; dans le cas contraire, le roi d'Aragon ne se trouverait tenu à l'observation d'aucune des clauses qui y sont renfermées.

Feta è fermada fo aquesta treua dijous vint dies del mes de maig del any mil trescents nou.

Ce traité a été fait et conclu le dix-huitième jour du mois de mai de l'année mil trois cent neuf.

Le traité de commerce et de navigation, conclu en 1363 entre les Pisans et les sultans qui régnaient alors à la fois sur le midi de l'Espagne et sur les régences de Maroc, d'Alger, de Tunis et de Tripoli, offre un résumé complet des conditions auxquelles les Européens faisaient alors le commerce sur les côtes d'Afrique, et l'on y voit avec surprise que nos idées actuelles sur le droit des gens ne sont qu'un retour à ce qui se pratiquait, il y a cinq cents ans, dans les États Barbaresques, en empruntant les pratiques de nos aïeux : la réciprocité de navigation que l'Angleterre offre aux nations depuis que sa marine a acquis sur la leur une incontestable supériorité, l'abolition de l'esclavage, celle du droit d'aubaine, sont, en effet, consacrées dans ce traité. Le voici tel qu'il existe dans les archives de Pise.

ANNO DOMINI MCCCLXIII.	*L'AN DE N. S. MCCCLXIII.*
Abdelach, re di Fessa, e di Michinese, e di Sale, e di Marrocho, e de le terre di Sus, e di Segielmise, e delle terre del mezzodi, e di Teze, e Tremizen, e d'Algier, e di Bugiea, e di Ghostantina, e de le terro di Buona, e di Beschara, e de le terre del' Zeb, e de le terre d'Africa e di Capisi, e de le terre di Biled-el-Gierid, e di Tripoli, e di Tangia, e di Sept, e di Gibeltari, e di Ronda, e di tutte l'altre terre sequenti, e delle terre sequenti, e del levante, e de la Espagna, preghiamo Dio ci confermi in bene e vittoria.	Abdelach, roi de Fez et de Mequinez, de Salé, de Maroc, des provinces de Suz, de Seghelmèse et du midi, de Teza, de Tlemcen, d'Alger, de Bougie et de Constantine, des provinces de Bone et de Biscara, des pays de Zab, de Cabès et d'Afrique, du Belad-el-Dgerid, de Tripoli, de Tanger, de Ceuta, de Gibraltar, de Ronda et de leurs dépendances, du levant, du couchant et de l'Espagne, nous prions Dieu qu'il nous conserve puissant et victorieux.

Apparve dinanzi alla nostre presenza i cristiani Pietro della Barba, Pisano, imbasciatore da vostra parte, anziani e commune di Pisa, con carta generale di procura da gl'anziani e commune di Pisa, di poter far alto e basso per lo ditto commune, e pace e buona concordia con noi, e di tutto cio che con noi facesse fosse fermo e rato, sopra la condixione di fare la pace tra voi e noi; e di questo ci pregò a tale che fusse bene e riposo d'amendue le parti e possa venire ciascuno sicuro; accettamo la sua preghiera e avemola fatta graziosamente.

Vogliamo che chiunque appasisce in ne le nostre terre, le quali salvi Dio, e che sia della signoria del soprascritto commune, e che possino venire sani e salvi e sicuri in havere e in persona, e di stare, e d'andare, a loro buona volontade, tanto quanto a loro piacerà, e questo s'intende in mare e in terra, in qualunque navilio si sia, tanto di galee armate quanto d'altro navilio; e abbiamovi fermato questo coi patti che scriveremo qui appresso, e questo è lo primo capitolo di quello che domandato havete.

E quando avvenisse che fusse alcuna brigha tra alcuno Pisano o Saracino o rumore, che sia punito chi ha il torto, e nondimeno le pace stia ferma che già perciò non si rimuova, et habbiamovi accettato questo: e questo è il secondo capitolo che avete domandato.

Lo quale se alcuno Saracino che faccia alcuna domanda ad alcuno Pisano che sia sostenuto,

Le chrétien Pierre de la Barba, pisan, s'est présenté devant nous de votre part, anciens et peuple de Pise, avec les pouvoirs que vous lui avez donnés de traiter à son gré pour vous; d'établir entre vous et nous paix et amitié, promettant de tenir pour ferme et établi tout ce qu'il fera, pourvu que le but en soit la paix; il ne nous a rien demandé qui ne tendît au bien et au repos des deux peuples, et nous avons gracieusement accueilli sa prière.

Nous voulons que quiconque appartenant au peuple de Pise se présentera dans nos provinces, que Dieu veuille bénir, y soit sain, sauf et tranquille dans sa personne et dans ses biens; qu'il puisse aller, venir, rester partout et tant qu'il lui plaira; ceci s'entend de la mer comme de la terre, et s'applique à tous les navires, tant les galères armées que les autres bâtiments; nous l'avons ainsi arrêté, et c'est là le premier article que vous nous avez demandé.

S'il s'élevait quelque querelle ou quelque bruit entre Pisan et Sarrasin, que l'auteur du tort soit puni, et que pour cela la paix ne soit point troublée entre nous : c'est le second article que vous nous avez demandé, et que nous vous accordons.

Si un Sarrasin fait une demande à un Pisan accrédité, nous aurons à examiner qui a raison,

e noi habbiamo a vedere sopra chi ha raggione, et abbiamovi accettato questo.

et nous avons accepté cette condition.

E questo è il terzo capitolo di quello ci avete domandato : Che se alcuno mercatante de' vostri fa alcuno fallo, che ne debba esser punito cioè nella persona e nell' havere suo havere lo quale ha tra le mani, che non debba esser toccato, abbiamovi conceduto questo.

Ceci est le troisième article que vous nous avez demandé : Si quelque marchand de vos compatriotes commet quelque infraction, il en sera puni dans sa personne et dans ses biens. Si le marchand meurt, nous accordons que les biens qu'il aura entre les mains ne seront point touchés.

E questo è il quarto capitolo lo quale avete chiesto : Che qualunque mercatante morisse in dele terre nostre, salvi le Iddio, cioè di vostri mercatanti e non habbia persona niuna per li di quà, e che non habbia nella terra dove egli muore ne console, ne mercatante di vostri, che lo suo havere sia preso con carta testimoniata, e sia accomodato fino a tanto che venga Pisa chillo possa ricevere, et habbilo, e questo l'habbiamo conceduto.

Ceci est le quatrième article que vous nous avez demandé : Si quelqu'un de vos marchands meurt dans nos États, que Dieu bénisse, et s'il n'existe au lieu de son décès ni consul de sa nation, ni aucun de ses compatriotes, sa propriété sera consignée sur inventaire, et conservée jusqu'à ce qu'il vienne de Pise une personne autorisée à la recevoir, et ceci nous l'avons accordé.

E questo è il capitolo sesto di quello che havete domandato : Quando per alcuna cagione rompesse alcuno legno de' Pisani in alcuna delle nostre terre, o vero che fusse piaggia, che sia lecito loro a quelli del navilio di fare a loro voluntade, di tutto ciò che uscisse dal legno si d'havere e si d'armadure e di riportarne le dette cose là unde a loro sia in piacere e di tutto non se ne debba pagare nulla, et habbiamovi conceduto questo, e cosi siamo dichiarati con voi che se a noi avvenisse il simile caso de nostri legni, dobbiate cosi fare a noi.

Ceci est le sixième article que vous nous avez demandé : Si quelque navire fait par malheur naufrage sur nos côtes, les gens du navire disposeront à leur volonté de tout son chargement, soit armes, soit marchandises ; ils les transporteront où il leur plaira, sans rien avoir à payer : nous accordons cela, et il est entendu que si pareil malheur arrivait à nos navires, vous en useriez de même à notre égard.

E questo è l'ottavo capitolo di

Ceci est le huitième article que

quello avete domandato: Che se alcuno mercatante de vostri arrechasse alcuna mercanzia che la volesse conducere a la presenza nostra e maestà, salvila Dio, che non sia alcuno osante d'aprirla ne di vederla, in fino a tanto che la detta mercanzia sia nella presenza del signor re, salvilo Dio e guardi, e se noi la compriamo da lui, che non debba pagare niuno diritto del mondo, e se noi non la compriamo, debba pagare lo diritto usato, et habbiamovi conceduto questo.

vous nous avez demandé : Si quelqu'un de vos marchands introduit des marchandises qu'il veuille présenter à notre personne, que Dieu bénisse, que nul ne soit assez hardi pour ouvrir les caisses et y regarder avant que ces marchandises soient sous les yeux du roi, que Dieu garde et bénisse : si nous les achetons, le marchand n'aura rien à payer si nous ne les achetons pas, il payera les droits d'usage.

E questo è il capitolo nono di quello ci havete domandato: Che quando verrette alle nostre terre, salvi le Dio, che dobbiate havere fondaco per noi, e quando non ci havesse fondaco, fusse case disperse da gl'altri cristiani, et habbiamovi conceduto questo.

Ceci est le neuvième article que vous nous avez demandé : Quand vous viendrez dans nos États, que Dieu bénisse, vous devrez avoir des fondouks (1) pour nos sujets ; et, quand vous n'en aurez pas, des maisons séparées de celles des autres chrétiens en tiendront lieu.

E questo è il capitolo decimo di quello ci havete domandato: Che quando alcuno Pisano fusse preso per schiavo in alcuna delle nostre terre, che sia liberato come dice in nella carta della pace, la quale riposa di noi e di voi; et habbiamovene liberati di quella che noi havevamo per le nostre terre, in simile modo dovete far voi a noi delli schiavi Saracini i quali voi avete nelle vostre terre.

Ceci est le dixième article que vous nous avez demandé: Si quelque Pisan est réduit en esclavage dans nos États, qu'il soit libre, suivant les traités de paix qui font votre repos et le nôtre ; et, quand nous délivrons les esclaves dans nos États, vous en ferez de même des Sarrasins qui seraient esclaves dans les vôtres.

---

(1) *Fondaco*, en Italie, n'a pas d'autre sens que celui du mot magasin ; soit qu'il vienne de l'arabe, soit que l'arabe l'ait emprunté, le fondouk est, sur la côte d'Afrique, un entrepôt et un marché de denrées, à peu près régi comme les grenettes de certaines villes de France.

E questo è il capitolo undecimo, loquale aveto domandato: Che se alcuno mercatante pisano havesse quistione con un altro cristiano d'altra lingua, che sia le quistione dinanzi del vostro consolo, salvo che se la quistione fusse grande, che portasse pondo, che venga a sententiarla alcadi della terra. E quando sul luogo non havesse consolo, e la detta quistione fusse che la veggia tra loro lo avesi della terra, e sino lo signore del castello, et habbiamo-velo conceduto questo; e quando la quistione sarà dal Saracino al cristiano che torni alla ragione de Saracini e de loro cadi.

Ceci est le onzième article que vous nous avez demandé: Si quelque débat s'élève entre un marchand pisan et un chrétien d'une autre nation, qu'il soit porté devant votre consul, à moins que l'objet n'en soit fort important, auquel cas le jugement en serait déféré à notre cadi. S'il n'y a pas de consul sur les lieux, la question sera soumise au magistrat musulman, et à son défaut au commandant du château. Quand le débat sera entre Sarrasin et Pisan, il sera jugé par le cadi.

E questo è il capitolo duodecimo: Che quando si nauleggiasse alcuno vostro legno per caricar alla corte biada, o cavalli, o armature, o alcuna altra cosa, che sia dato al padrone del legno lo suo naulo alla sua veluntade senza esserli fatto nulla gravezza: il simile s'intende in nel nauleggiamento che non sia forzato lo padrone del navilio di nulla forza, et abbiamovi conceduto questo.

Ceci est le douzième article: Si l'on nolise un de vos navires pour porter à notre cour des grains, des chevaux, des armes, ou quelques autres objets que ce soit, le fret sera réglé du plein gré du capitaine de navire, et il ne lui sera imposé aucune charge. Il est entendu que dans ces conventions il ne pourra pas être exercé la moindre contrainte envers le capitaine du navire, et c'est ce que nous accordons volontiers.

E questo è il tredecimo capitolo: Che quando avvenisse che alcuno navilio grande o piccolo che fusse dei Pisani et arivasse in alcuno luogo delle nostre terre, fuggendo da nemicci o da corsali, che fusse incalciato o vero che fusse per fortuna di mare, che vogliamo che in quelle terre e in quelle parti là ove arrivasse, che gli uomini della terra o contrada li debbiano soccorrere in mantinente con barche e altri argomenti per scarricare e per

Ceci est le treizième article: Lorsqu'un navire pisan, grand ou petit, abordera dans nos États pour se soustraire aux poursuites de l'ennemi ou des corsaires, ou par suite de quelque accident de mer que ce soit, nous voulons que, sur quelque point de nos côtes qu'il se présente, les habitants des lieux voisins aillent incontinent à son aide, avec des barques et autres objets propres à l'alléger et à lui porter les secours qui lui

aiutare ogni aiuto, lo quale a quel navilio bisognasse a loro piacimento ; e abbiamovi conceduto questo, e per lo simile modo dovete far a noi di nostri navili.

seront nécessaires. Nous accordons cela, et vous traiterez nos navires de la même manière.

E questo è lo quarto-decimo capitolo di quello che ci havete addomandato: Che quando alcuno mercatante de vostri morisse in nelle nostre terre, che tutto cio che lassa dopo la sua fine non li sia levato niente per alcuna cagione ne pagamento nullo, et habbiamovi conceduto questo salvo che se rimaresse mercantia che la volessino vendere dopo la sua fine, che paghi secondo lo pagamento che s'usa se la vende all' in canto.

Ceci est le quatorzième article que vous nous avez demandé: Lorsqu'un de vos marchands mourra dans vos États, rien de ce qu'il laissera ne sera soustrait sous aucun prétexte, ni à aucun prix; nous accordons de plus que si ses héritiers veulent vendre les marchandises qu'il aura laissées, ils en auront la faculté, en payant les droits comme pour une vente à l'encan.

E questo è lo diretano capitolo di tutti i capitoli li quali ne nominati. Che voi dovete fare a mercatanti saricini e naviganti a Pisa e a tutte l'altre sue terre, secondo i patti soprascritti e detti e di tutte le convenenze, per lo modo che noi habbiamo dichiarato a voi, e di tutto siamo in concordia con voi e si è permesso da tenere l'uno all' altro. E tanto siamo in concordia con voi che doviate paghare lo decimo et altre spese che pagano li Catalani in nellenostre terre, salvile Dio ! ne più ne meno si paghi.

Ceci est le dernier article de nos conventions : Vous devez traiter à Pise, et dans les autres terres de votre domination, les marchands et les navigateurs sarrasins conformément à toutes les conditions ci-dessus; ils trouveront chez vous toutes les facilités que vous trouverez chez nous; noussommes d'accord sur tout, chacun de nous tiendra à cette union, et, pour compléter l'accord entre nous, vous nous payerez la dime et autres droits, ni plus ni moins, que payent les Catalans sur notre territoire, que Dieu bénisse!

Et ancora siamo in patti e in convenienze con voi l'usanza de le nave de mercatanti cristiani lequali arrivano nelle nostre terre, salvile Dio, e questo li è che debba pagare ogni navilio uno per de se al quale i Saracini per

Et nous sommes encore convenus que, suivant l'usage, tout navire chrétien qui arrivera dans nos États, que Dieu les bénisse! devra payer le droit nommé en arabe *surriach*, à moins qu'il ne donne un har-

nome *surrlach*, e se non si da uno rampicollo di ferro loquale ha nome in saracinesco *mokhtaf men hadid*. E questo è ogni volta chel legno viene con mercantia alle nostre terre, salvile Dio !

pon de fer nommé en arabe *mokhtaf men hadid;* et ce droit sera dû toutes les fois que le navire touchera, avec les marchandises, à nos terres, que Dieu bénisse !

Et anco siamo in concordia con voi che quando alcuno di voi facesse alcuno inganno o tradimento in persone o in havere à Saraceni, che sieno sostenuti, tutti gli altri mercatanti pisani nelle nostre terre, salvile Dio ! e che i detti mercatanti sieno tuttavia riguardati, e enorati, e salviati in havere e in persona, in fino a tanto che gl'habbiano restituito quello che tolto haranno o rubato, e allora sieno liberati.

Et nous sommes encore d'accord que, si quelqu'un de vous trompe ou trahit, dans leurs biens ou dans leurs personnes des Sarrasins, qui seront dans nos États, que Dieu bénisse ! seront retenus, mais traités avec égard, et en sûreté pour leurs personnes et leurs biens, jusqu'à ce qu'ils aient restitué ce qui aura été dérobé, alors ils seront mis en liberté.

Sono compiuti di dichiarare i patti e le chiarrezze come ciascuno ha inteso come di sopra si contiene, et habbiamo veduta la carta della procura la quale venne concessa a Piero de la Barba, cristiano lo quale di sopra scritto, per parte de gl'anziani e commune di Pisa di sopra scritto, e sotto questi patti et conventione habbiamo tra voi e noi compiuta la carta della pace, per tale che ci è pace e riposo e di spegnare ogni male da noi a voi con l'aiuto di Dio.

Nous avons achevé de déclarer ces conventions et sûretés, et chacun de nous les a entendues comme elles sont exprimées plus haut: après avoir vu les pouvoirs donnés à Pierre de la Barba; le chrétien sus-nommé, nous adoptons ces conventions pour base de la paix entre vous et nous, et que cette paix et ce repos soient, avec l'aide de Dieu, à l'abri de tout trouble de votre part comme de la nôtre.

E i Saraceni delle nostre terre, cioè del levante e del ponente e de l'Andalusia, salvile Dio ! con li cristiani pisani tutti in ogni parte e in ogni luogo et in ogni terra, salvi la Dio ! E questo si e in termine di dieci anni compiuti dal che si fè questa carta ; e di tutto questo siamo in con-

Et que les Sarrasins de nos États, du levant, du couchant et de l'Andalousie, que Dieu bénisse ! soient d'accord en tout lieu. sur toute terre, que Dieu bénisse ! avec tout les chrétiens de Pise. Et ceci est convenu pour le terme de dix années, à partir du jour de la si-

cordia et fermato e per più fermezza habbiamovi sigillato col nostro sigillo usato, et habbiamovi scritto di sotto con la nostra mano gratiosa in dì di domenica a dì 28 del mese di rabe, lo deritano e gratioso, lo quale si concorda al 7 di aprile, in l'anno di 759 al saracinesco indittione del profeta Maumetto, signore e maggiore nostro, glorificato da Dio hora e semprè.

guature du présent. De tout quoi nous sommes convenus, et pour que ce soit chose ferme et stable, nous y avons apposé notre sceau ordinaire, et nous l'avons signé de notre gracieuse main, le dimanche 28 de la lune de raab, qui correspond au 7 avril, et l'an 759 de l'hégire du prophète Mahomet, notre maître et seigneur, que Dieu glorifie à présent et à toujours.

L'époque à laquelle appartient ce traité est probablement celle où les relations commerciales ont été le plus actives entre l'Europe et la côte septentrionale d'Afrique. Elles ne purent pas se soutenir dans le siècle suivant, au milieu de la lutte acharnée entre chrétiens et musulmans, dont l'Espagne était le principal théâtre ; elles furent étouffées dans le tumulte des armes, et le pavillon pisan disparut par contre-coup de la Méditerranée.

A ce moment, le commerce se faisait en Afrique par la voie des caravanes, et les devoirs religieux auxquels tiennent le plus les musulmans ne s'accomplissaient qu'au moyen de ces transmigrations.

Toutes les fois que des troupes allaient d'une ville à l'autre, des voyageurs se mettaient sous leur protection ; les personnes que leurs affaires appelaient dans les mêmes directions s'arrangeaient pour marcher ensemble et s'entr'aider. Suivant la longueur, les difficultés et les dangers des trajets, ces associations étaient plus ou moins nombreuses ; les unes se formaient par occasion ; les autres, et c'étaient les plus importantes, avaient une marche régulière et des points de rencontre communs, où les hommes et les marchandises s'assortissaient suivant leurs destinations respectives. Le régime commercial de la régence de Tunis reposait sur ces rendez-vous périodiques.

Les caravanes qui allaient de l'intérieur de l'Afrique aux côtes de Barbarie, et réciproquement, réglaient particulièrement leur marche sur celle de la grande caravane qui va tous les ans de Fez à la Mecque, en laissant l'Atlas au Nord, et revient par le même chemin. De Fez à Gadamez, dans la régence de Tripoli, cette caravane se divisait elle-même en plusieurs branches, dont chacune recueillait ou déposait, chemin faisant, sur son passage, des marchandises et des voyageurs qui quittaient ou grossissaient les caravanes transversales. Quelles que fussent leurs directions, les caravanes louvoyaient dans le désert, entre les lieux où se trouvent des pâturages et de l'eau. La correspondance de leur marche et de leurs haltes établissaient entre toutes les parties de l'Afrique une chaîne non interrompue de relations. En se rattachant à quelques-uns des anneaux de cette chaîne, les Pisans, au moyen âge, la suivaient à leur gré jusque dans ses plus lointaines ramifications; ils la saisissaient notamment à Fez, qui est encore le lieu de rassemblement et de départ, à Alger et à Tunis qui étaient le but de ramifications importantes, et

ne se bornaient pas à confier des marchandises à la caravane, ils y entraient eux-mêmes en grand nombre.

Grâce à la beauté de son climat et à la fécondité de
son sol, Tunis a de tout temps provoqué ces sortes de
pèlerinages commerciaux. L'antique Bysacium, comprise entre le golfe de Gabès (1) et de Hadrammat, aujourd'hui déserte et désolée, faisait l'admiration des anciens par son étonnante fécondité. Pline dans son *Histoire
naturelle* (2) nous apprend que la campagne y rendait
150 grains pour un, et un boisseau 150 boisseaux ; il
nous apprend que l'intendant de Bysacium envoya à l'empereur Auguste un pied de froment d'où sortaient près
de 400 tiges, toutes provenant d'un seul grain, et que
Néron reçut également de la même province un pied de
355 tiges venues d'un seul grain (3). Pline ajoute que
ces faits sont authentiques, parce qu'ils se trouvent con-
signés dans des pièces officielles (4) ; Varron confirme les
assertions de Pline en disant que dans le Bysacium on
obtient cent grains pour un (5). Enfin, cette contrée a
dû être encore très cultivée, même au sixième siècle de
notre ère, car décrivant la marche de Bélisaire à travers
une partie de cette province, Procope (6) dépeint le pays

(1) *Syrtis minor.*
(2) *Hist. Nat.* liv. xvii, 3.
(3) CCCLV *Stipulas ex uno grano.*
(4) *Extantque de eâ re epistolæ.*
(5) *Ex modico nasci centum.*
(6) *De bello Vandalico,* liv. II, 3,4.

compris entre Adrumet et Carthage, comme couvert d'arbres fruitiers.

Or, aujourd'hui encore le sol de Bysacium est capable des tours de force signalés par Pline et Varron, car l'anglais Grenville Temple (1) nous apprend qu'il y cueillit lui-même, sans choix et au hasard, dans un champ d'orge, un pied de cette céréale qui avait 97 tiges, et qu'on lui avait dit qu'il y en avait souvent à 300 tiges.

Selon sir G. Temple, un sac à blé, tel qu'on s'en sert dans la cavalerie anglaise, suffit pour ensemencer aisément une surface d'un hectare, et lorsque les Arabes font les semailles, ils ajoutent du sable aux semences, afin de les empêcher de produire une végétation trop serrée. Témoin de ces étonnantes preuves de fécondité, le voyageur anglais ne peut s'empêcher de s'écrier : « Si jamais Tunis devenait une colonie britannique, cette contrée redeviendrait le grenier de l'Europe. »

Au reste, le royaume de Tunis produit en abondance tout ce qui est nécessaire à la vie. L'on y trouve presque tous les arbres fruitiers, l'olivier, le caroubier, le figuier, l'oranger, le citronnier, l'amandier, le palmier-dattier, le châtaignier, le noyer, l'aloès, le cactus, le jujubier, le grenadier, le coignassier, le mûrier et l'arbousier. Partout où se rencontrent des jardins quelque peu soignés on voit des cerisiers, des pommiers, des poiriers, des

(1) *Excursion in the Mediterranean Algeria and Tunis*, vol. II p. 108-109.

pruniers, des abricotiers, des pêchers; on cultive le rai-
sin, le melon, la pastèque, la banane, le cumin, le su-
mac, le henné, le tamarin, le safran, le séné, le tabac, la
garance, le coton, et même la canne à sucre.

L'olivier donne des produits d'une grande valeur. On
le trouve partout; il forme de véritables forêts. L'olivier
résiste à toutes les causes de destruction; il brave les
incendies, la dent des bestiaux et la main de l'homme; il
acquiert dans certaines provinces une dimension énorme
qui atteste une bien ancienne culture; il supporte les
plus grandes sécheresses sans périr; c'est l'arbre par
excellence de la Tunisie. Quand pendant l'hiver les forêts d'oliviers sont inondées par des pluies abondantes,
on est sûr d'avoir une belle récolte: il faut, en effet, à cet
arbre beaucoup d'eau surtout dans les provinces du
Sahel, trop sablonneuses pour n'être pas arides.

La culture de l'olivier, dont la plantation, dit-on, remonte au temps des Romains, s'est accrue depuis l'occupation des Espagnols, sous Charles-Quint. Les oliviers
couvrent encore diverses provinces et forment en grande
partie, avec les céréales, la richesse du pays. C'est dans
les provinces de Sousse, Monastier, Mehidia, Sfax,
Gerba, Soliman, Bizerte, Tebourba qu'on en trouve le
plus grand nombre. Malheureusement l'Arabe ne plante
pas, et c'est ainsi que, petit à petit, d'immenses espaces
qui, jadis, étaient couverts de millions de pieds d'oliviers, en sont aujourd'hui complètement dépourvus.

Il arrive généralement en Tunisie comme dans d'autres pays producteurs que les propriétaires d'oliviers ne préparent pas leurs huiles avec soin. Aussi présentent-elles un goût âcre, que l'on aime dans le pays, parce qu'on y est habitué, mais qui s'oppose à un grand commerce d'exportation pour l'usage comestible. « Les Arabes, dit « Desfontaines, qui avait bien observé, se contentent d'é- « craser les olives sur une pierre plate, en faisant rouler « dessus un tronçon de colonne, ou quelque autres corps « pesant de forme cylindrique; ils mettent le marc dans « de grandes jarres remplies d'eau, puis, en le compri- « mant avec les mains, ils en expriment le plus d'huile « qu'il est possible, et la ramassent sur la surface de « l'eau, où elle surnage ; mais une si légère compres- « sion n'en saurait faire sortir qu'une assez petite quan- « tité, et de plus, ils perdent toute celle qui est nuisible « à l'eau. » Le savant botaniste aurait pu ajouter que les olives, ordinairement laissées plusieurs mois en ma- cération, contractent une rancidité qui n'est supportable que pour des palais indigènes, et perdent une grande partie de leur huile. Une autre cause de l'infériorité des huiles de la Régence, c'est le procédé vicieux employé pour la cueillette des olives. L'arabe les abat en frap- pant l'arbre en tous sens au moyen de gaules qui tachent le fruit et le détériorent ; les feuilles, la terre se mêlent à l'olive, et forcément la qualité de l'huile devient in- férieure. En Provence, pour obtenir des huiles de première qualité nous cueillons les olives à la main et une à une ; tout fruit taché ou portant trace de coup est mis à part pour ne servir qu'à une qualité d'huile inférieure.

Cependant depuis quelques années, l'indigène voyant qu'on paie plus cher les huiles comestibles, cherche à soigner d'avantage la fabrication de ce précieux liquide. Quelques Européens ayant installé des moulins perfectionnés, des usines à vapeur et même des presses hydrauliques, le propriétaire arabe n'hésite pas à apporter son fruit à triturer dans ces établissements qui lui rendent une huile plus fine et une quantité plus grande que celle qu'il obtient dans les moulins primitifs des villages de la Régence.

La Tunisie possède environ dix millions de pieds d'oliviers dont le rendement annuel moyen est de 4 à 500,000 hectolitres d'huiles diverses. Le pays d'une année à l'autre en consomme environ le cinquième. Il est rare d'avoir deux récoltes suivies et généralement l'olivier ne porte de fruits qu'une année sur trois. Dans les années de pleine récolte le prix de l'hectolitre sur les lieux de production est de quarante-cinq francs ; le prix moyen est au marché de soixante-cinq à soixante-dix francs l'hectolitre. Le droit de sortie perçu par la douane est environ le quart du prix moyen, soit dix-huit francs par hectolitre.

Une branche plus importante encore des richesses agricoles de la Régence est celle de la laine : les Arabes peuvent la produire avec plus d'avantage et de facilité que

nous. La laine est, en effet, la principale ou plutôt l'u-
nique richesse des tribus méridionales qui se tiennent
sur les confins du désert. Celles-là gardent la vie nomade de leurs pères ; la nature de leur sol n'en com-
porte pas d'autre. Aujourd'hui, comme du temps de Virgile, leurs pasteurs et leurs troupeaux s'enfoncent dans
des solitudes sans limites et sans asile ; les jours, les
nuits, les mois se passent au pâturage, et rien ne serait
changé, si le fusil, la poudre et les balles n'avaient pas
remplacé l'arc, les flèches et le carquois.

> Quid tibi pastores Libyæ, quid pascua versu
> Prosequar, et raris habitata mapalia tectis?
> Sæpe diem noctemque et totum ex ordine mensem
> Pascitur, itque pecus longa in deserta sine ullis
> Hospitiis ; tantum campi jacet. Omnia tecum
> Armentarius Afer agit, tectumque, laremque,
> Armaque, Amyclæumque canem cressemque pharetram.
>
> (Georgiques. Liv. III).

Le royaume de Tunis renferme toute espèce d'animaux,
le lion, le tigre, la panthère, la hyène, le chacal, le
singe, le lynx, le renard, le cerf, l'antilope, le mouflon,
l'ichneumon, la loutre, la gerboise, le sanglier, la ga-
zelle, l'autruche, le flamant, la grue, ainsi que tous les
animaux domestiques, et toutes sortes de gibier, tels que
lièvres, perdrix, cailles, bécasses, grives, ortolans, poules
de Carthage, pluviers, etc., qui font de la Tunisie un
des plus beaux pays de chasse du monde.

Les bêtes féroces, réléguées dans les montagnes (1) n'inquiètent guère le voyageur qui, avec des soins et beaucoup de propreté, peut se préserver des insectes désagréables et incommodes, auxquels les pays chauds sont sujets. La hyène et le chacal ne sont point dangereux ; ils s'apprivoisent facilement, un homme seul les fait fuir, et les Arabes les traitent à coups de pied. Les bêtes venimeuses n'y sont pas plus nombreuses qu'en Europe, hormis le scorpion qu'on trouve particulièrement dans le Sud, mais qui ne blesse que pour se défendre ; il se rencontre rarement dans les maisons et se tient ordinairement au dehors sous des pierres. Sa piqûre d'ailleurs guérit promptement.

Des multitudes d'abeilles qui se nourrissent de plantes sauvages aromatiques, font leur miel dans les trous et les creux des rochers, des collines et des montagnes de

---

(1) Dans le massif montagneux de Zaghouan, les lions et les panthères paraissent être assez rares ; mais, en retour, le major sir Grenville Temple, qui avait parcouru une grande partie de la Tunisie, nous apprend que toute la région montagneuse à l'ouest de Tunis abonde en bêtes fauves, en sorte qu'elle est encore ce qu'elle était du temps d'Hérodote : *leonum arida nutrix*. Son ouvrage intitulé : *Excursion in the Mediteranean, Algeria and Tunis*, devenu aujourd'hui très-rare, peut encore être consulté avec fruit, malgré sa date reculée.

D'ailleurs, la Tunisie et l'Algérie fournissaient particulièrement aux combats publics de l'amphithéâtre de Rome, cette prodigieuse quantité de lions et de panthères dont parle Pline, qui nous apprend que César et Pompée firent à eux deux apparaître d'un seul coup mille lions.

l'intérieur du littoral. Ce miel qui découle souvent des rochers, sert à la nourriture des habitants, et la cire est l'un des objets dont on fait un grand commerce dans le pays.

L'on rencontre parfois des troupeaux de plusieurs milliers de chameaux qui paissent dans les vallées. Cet utile animal est le serviteur le plus fidèle de l'Arabe. Une charge de trois cents à trois cent cinquante kilogrammes ne l'empêche pas de faire soixante kilomètres d'une seule traite, ou vingt-cinq à trente lieues par jour. Il se nourrit des végétaux les plus coriaces et les plus secs, du cactus, par exemple, dont les énormes piquants ne lui font aucun mal.

Créés pour le désert, les chameaux présentent une structure toute particulière et admirablement appropriée aux conditions spéciales au milieu desquelles ils sont destinés à vivre; ils ont, grâce à leur organisation, une aptitude vraiment merveilleuse à supporter, sans fatigue, et la faim et la soif. Pour le chameau seul les solitudes du Sahara ne sont pas un obstacle infranchissable; avec lui, l'homme traverse des espaces très-grands et sans eau, et parvient aux oasis; avec l'aide du chameau, il peut s'y fixer et y vivre au milieu du désert. L'arabe qualifie le chameau de « vaisseau de terre » : ne traverse-t-il pas, en effet, l'océan de sable qu'on appelle le désert?

La sobriété des chameaux est proverbiale; on cite un grand nombre d'exemples de chameaux n'ayant ni mangé ni bu depuis plusieurs jours et ne paraissant pas souffrir de cette abstinence.

Les chevaux de la Tunisie ont servi quelquefois à la remonte de nos régiments de cavalerie. Il faut l'avouer cependant, le peuple arabe a laissé s'abâtardir cette race que le climat avait magnifiquement douée; il n'a plus que des chevaux dégénérés. On voit bien que l'heureuse influence du désert auquel le cheval doit sa force, sa vitesse, sa beauté, n'existe plus dans la Tunisie. Cependant il faut reconnaître encore aujourd'hui que nonobstant l'altération dans leurs formes extérieures, les chevaux de la Régence possèdent incontestablement le signe de leur origine et toutes leurs qualités génériques de force et de vitesse.

On trouve partout des chèvres, des vaches et des pigeons pour des prix étonnamment bas; puis aussi la tortue, le caméléon, la sangsue, et la sauterelle, qui sert de nourriture aux habitants pauvres des oasis. Enfin il faut mentionner la cigogne, le grèbe, le héron, le cormoran, l'outarde, le pélican, et les oiseaux de proie, comme l'aigle, l'épervier, et beaucoup d'autres. Sur les côtes, on trouve en abondance des huîtres, des oursins, des clovis, des moules, des crevettes, des homards etc. Il y avait autrefois trois madragues pour le thon; celles de Monastir et de sidi Daoud étaient renommées, actuellement il n'en reste plus qu'une en activité.

Du côté du Djérid, on rencontre des sources chaudes à 45 ou 50 degrés environ. Ces sources contiennent ce-

pendant des petits poissons qui vivent dans cette tem-
pérature élevée; ils sont sans arêtes, sans muscles, et
sans yeux apparents; hors de l'eau chaude, c'est-à-dire
à l'air ou dans l'eau froide, ils meurent immédiatement.

La constitution du sol du royaume de Tunis se compose de calcaire, de marnes ou de marnes argileuses,
et de sables marneux.

Les côtes sont d'une grande richesse de végétation.
La couche de terre végétale y est parfois fort épaisse.
Le pays est très montagneux du côté de Kefau Sud-Ouest,
et du Mont Zaghouan à l'Est, pic du sommet duquel on
découvre sept rangs de montagnes dans la direction du
Cap Bon. Au delà du Djérid, du côté de Gadamès on ne
trouve plus guère qu'un sol uni, dur, couvert de sables
mobiles que le vent transporte çà et là, et qui sont sou-
levés en ondes agitées comme les flots de la mer. Parfois
ce désert est entrecoupé par des collines rocailleuses,
renfermant d'énormes couches de sel gemme, blanc
comme la neige, ou par des grandes plaines basaltiques,
ou encore par des amas de ces mêmes pierres entassées
les unes sur les autres, mêlées et amalgamées à des pé-
trifications ou à des troncs d'arbres carbonisés. Le pays
renferme aussi quelques oasis, ou terrains fertiles et arrosés qui étonnent par leur aspect riant et l'abondance
de leurs produits.

La régence est très riche en mines de toute espèce.
Dans les montagnes de l'Hamman-Lif et du Djébel-
Reças on trouve beaucoup de plomb, au Kef des mines

d'argent, de fer, de cuivre, de soufre, de tripoli. On exploite également l'antimoine avec lequel se prépare le cosmétique nommé Koheul, dont les femmes se teignent en noir les sourcils et les paupières pour donner à leurs yeux plus d'éclat et de douceur. Cette pratique remonte à la plus haute antiquité, car elle était connue des dames grecques et romaines, et elle n'est pas totalement étrangère aujourd'hui à nos dames d'un certain monde.

L'industrie indigène la plus étendue est celle des chéchias ou bonnet oriental ; elle occupe de nombreux ouvriers des deux sexes. Là laine qui vient de Djerbi est tricotée à Tunis par des femmes. Les bonnets, une fois faits, sont cardés à la main avec beaucoup de soin ; on voit, dans des rues entières, des maures employés à ce travail. Les chéchias sont foulées à Tébourba sur les rives de la Méjerda, l'ancienne Bagrada, puis teintes et de nouveau foulées à Zaghouan (1). Les eaux de cette ville leur donnent cette belle nuance qui n'a pu être obtenue nulle part ailleurs. Aussi expédie-t-on de Tunis des chéchias de toutes formes en Turquie, en Perse, en Egypte, dans le Maroc, en un mot, dans tous les pays musulmans. On trouve à Tébourba des fabriques de draps;

---

(1) Zaghouan, délicieuse ville mauresque admirablement située, où l'on trouve tous les arbres fruitiers de l'Europe et de l'Afrique, avec une végétation asiatique. Zaghouan alimentait d'eau Carthage par ses sources magnifiques, au moyen d'un aqueduc, dont il a été parlé, de vingt cinq lieues environ de longueur, et qui est certainement une des œuvres les plus grandioses de l'antiquité.

à Souza (1), à Monastir (2), des fabriques de savon, des moulins à huile. Enfin les Arabes de l'intérieur filent le poil de chameau dont ils font des tapis, des tentes, des burnous et des cordes pour se ceindre la tête et attacher le haïk.

L'hôtel des Monnaies est située au Bardo. Les pièces tunisiennes en or, en argent et en cuivre y sont frappées à l'effigie du souverain.

Monnaies d'or	Le boumia	vaut	cent	piastres
	Le boukamsin	»	cinquante	»
	Le bouocherine	»	vingt	»
	Le bouachra	»	dix	»
Monnaies d'argent	Le boukamsa	vaut }	cinq	piastres
	Le bouarba	»	quatre	»
	Le boutlatta	»	trois	»
	Le bourialin	»	deux	»

Le bouriel est la piastre qui vaut environ treize ou quatorze sous de France, tantôt plus, tantôt moins.

La demi-piastre, la nusria, est aussi en argent. Quant aux monnaies de cuivre, ce sont :

Le bourboô, pièce de quatre caroubes ou quart de piastre.

---

(1) Ville importante à trente-deux lieues S. E. de Tunis, bâtie sur un rocher. Sa base offre un bon ancrage, son port est excellent.

Souza était autrefois une grande ville ; on croit que c'est l'Adrumentum des anciens.

(2) Ancienne colonie romaine à quatre lieues de Souza, ainsi appelée d'un couvent d'Augustins qui était près de là.

La boussette, qui vaut six aspres, soit deux caroubes moins un fels.

Le caroube, qui vaut trois aspres.

L'aspre, qui est un tiers de caroube.

Le fels, qui est la moitié de l'aspre et le dixième de la caroube.

La mesure de longueur est le draà, qui s'étend du coude à l'extrémité de l'index. Les étoffes fabriquées à Tunis se mesurent avec le draà arbi, bras ou coudée arabe, et les étoffes étrangères avec le draà turki, coudée turque. Il y a peu de différence entre ces deux mesures. Pour mesurer les terres et les maisons, on emploie le draà maleki, la mesure ou le bras de l'ange : c'est l'étendue des deux bras déployés, y compris le corps, d'un index à l'autre index. Pour les grains c'est le saàh, le temna, l'ouïba et le kfise qui sont usités. Le saàh ou charge vaut 125 kilog., ou environ 250 livres.

Je n'ai pu dire ce que fut dans l'antiquité le commerce en Afrique, sans rappeler le souvenir de Carthage, la cité des marchands. Arrêtons-nous un instant devant ses illustres débris.

CHAPITRE HUITIÈME

RUINES DE CARTHAGE. — SA DESTRUCTION COMPARÉE
AUX DESTRUCTIONS SUCCESSIVES DE JÉRUSALEM ET
DE ROME. — TABLEAU TRACÉ PAR APPIEN DE LA
PRISE DE CARTHAGE.

On se rend aujourd'hui très-rapidement aux ruines de
Carthage par le chemin de fer traversant dans toute sa
longueur l'isthme par lequel se termine le bord septen-
trional du canal de la Goulette, et l'on arrive ainsi à une
demi-heure de distance de la colline, l'antique Byrsa, qui
porte la chapelle de St-Louis, comprise dans l'enceinte
de la célèbre cité dont le nom seul plane sur ces lieux
solitaires : *Stat magni nominis umbra.*

Le plateau de Byrsa est de forme rectangulaire. Il a
188 pieds de hauteur, 2,000 pas de circonférence à sa
base, l'air y est pur, le vent fréquent, la vue admirable.
A l'est, il domine la plage sablonneuse, bordée encore
par les quartiers de rochers qui protégeaient les quais
de Carthage, l'ouverture du golfe qui est un des plus
beaux de la Méditerranée, la vaste mer, qui commence
au cap Bon. Au sud, sont les deux ports, orgueil de

Carthage, affectant encore la forme d'un vase au col
étranglé, le Forum, masqué par les débris du temple de
Baal ; tandis que la côte opposée s'élève insensiblement
jusqu'au sommet de l'Ammem-el-Enf, semblable au Vé-
suve, et que le mont Zaghouan montre dans le lointain
ses belles lignes, qui n'ont rien à envier à la Grèce, et
ses ravins qui, dans les temps anciens, envoyaient leurs
eaux à Carthage par un aqueduc de vingt-cinq lieues.
A l'ouest, s'étend l'isthme fertile qui borde d'un côté le
lac de Tunis, couvert de flamants aux ailes de feu, de
l'autre, le lac Soukara, deux mers qu'une étroite langue
de terre tient captives. Au nord, enfin, Byrsa commande
une vallée qui fut jadis Mégara, le plus vaste quartier de
Carthage, le quartier des maisons opulentes et des jardins bien arrosés, les collines de Qamart, dans les flancs
desquelles Phéniciens et Romains creusaient leurs tom-
beaux ; au-delà, paraissent les flots qui reçoivent le
fleuve Bagrada (1), et la côte qui finit à la pointe d'U-

---

(1) Le Bagrada, aujourd'hui appelé Medjerdah, est célèbre dans
l'antiquité par la curieuse légende qui s'y rattache. Il s'agit du
fameux serpent qui, à l'époque des guerres puniques, aurait arrêté pendant plusieurs jours, sur les bords de cette rivière la marche de l'armée romaine, conduite par Atilius Régulus. Pline,
Tite-Live, Sénèque, Florus Aulu-Gulle et Orose racontent tous cette
étrange aventure et affirment qu'il sembla aux légions romaines plus
terrible que Carthage même. Il y a, certes, peu de faits dans l'antiquité reproduits par un aussi grand nombre d'auteurs que celui du
monstrueux serpent de Bagrada ; il est donc à présumer, qu'en effet,
un reptile de dimension extraordinaire a dû habiter les bords de
cette rivière à l'époque où l'armée romaine la traversa. Quoi qu'il

tique. Ville exceptionnellement bien située et sous des horizons grandioses, Carthage dit M. Beulé, fût devenue la reine du monde, si elle n'eût appartenu à des marchands.

Les monuments puniques de Byrsa, aussi bien que ceux de la ville basse, ont été détruits en partie par l'armée de Scipion. Ce qui a contribué plus efficacement encore à les faire disparaître, continue l'éminent archéologue, c'est que les Romains relevèrent bientôt Carthage, et témoignèrent, en digne descendants d'Énée, un grand respect pour toutes ses traditions. Les temples furent reconstruits à la même place, mais selon le goût nouveau. Leur plan, leur style, leur décoration furent romains. Par conséquent, les ruines de style punique qui avaient échappé à la main des soldats furent retrouvées dans le sol et furent démolies par les architectes qui creusaient des fondations différentes.

Au contraire, les fortifications de Byrsa, qui étaient gigantesques, avaient dû lasser à la fin les démolisseurs

en puisse être, l'unanimité frappante avec laquelle tant d'auteurs séparés les uns des autres par un laps de temps considérable, ont maintenu une légende fabuleuse, offre un exemple curieux de la faiblesse de l'argument qu'on invoque souvent en faveur des phénomènes surnaturels, en prétendant qu'ils reposent sur une longue série de témoignages. Or, le mythe du serpent prouve, une fois de plus, combien ces témoignages ne sont quelquefois que la reproduction servile d'un fait signalé d'abord par une seule autorité, et puis répété à l'infini par ceux qui n'ont pu le constater eux-mêmes, mais se sont bornés à copier leurs prédécesseurs. C'est là l'origine de bien des choses sanctionnées par certaines traditions, auxquelles on s'obstine à attacher une importance historique.

et s'ensevelir sous leurs propres débris. Elles furent oubliées pendant six siècles, tant que la Méditerranée fut un lac romain. Lorsqu'à l'approche des Barbares, sous l'empereur Théodoric, Carthage dut s'entourer de murs, loin de détruire les restes de l'ancienne enceinte, on eut intérêt à les découvrir pour y asseoir l'enceinte nouvelle. De sorte qu'en entamant les constructions romaines on retrouve encore sous le sol les derniers débris des remparts de l'antique Byrsa. Ils sont modelés sur les contructions *archaïques* de la Grèce et de l'Etrurie. C'est ainsi, tout le monde sait, que l'on qualifie le système d'architecture qui sert de transition entre l'architecture pélasgique et l'architecture du siècle de de Pisistrate. Au lieu de disposer les assises par lignes régulières et suivies, les architectes d'alors ménageaient des parties rentrantes qui s'adaptaient exactement et reliaient les pierres les unes aux autres, comme les dents d'un engrenage et les mortaises d'une charpente. Ainsi firent les Carthaginois jusqu'à ce que l'expérience leur enseignât, de même qu'aux Grecs, combien était inutile une précaution dispendieuse, qui pouvait ajouter à la solidité, mais nuisait à l'élégance. Un second caractère des constructions archaïques, c'est le volume des matériaux qu'elles emploient. Ils semblent qu'un art encore défiant de lui-même cherche dans l'énormité des garanties de force et de durée. Ce caractère se trouve également à Byrsa. Tous ceux que l'histoire de l'art intéresse seront frappés de trouver chez les Phéniciens de

Carthage le même système qui a prévalu pendant long-temps chez la race grecque. On entrevoit quelles conséquences se peuvent tirer d'un semblable rapprochement.

Mais ce qui est encore plus remarquable que les procédés de construction, c'est le plan; car il ne ressemble à aucun plan connu et justifie merveilleusement le témoignage des auteurs anciens. Qu'on se figure un mur de trente-un pieds d'épaisseur, dans l'intérieur duquel un passage et des salles ont été ménagés; au sommet, auraient pu circuler de front, non pas deux chars, ainsi qu'on le dit des murs de Ninive ou de Babylone, mais quatre et cinq chars (1).

Malheureusement, les débris révélateurs de ces grands efforts de l'art ne sont pas conservés : ils disparaissent peu à peu sous l'action mystérieuse du temps et de la destinée inexorable qui s'attacha à la malheureuse cité.

Sur le versant sud-ouest de la colline de St-Louis, on voit de vastes dénudations de maçonneries souterraines, considérées comme les restes du temple d'Esculape.

Le seul monument d'antiquité encore reconnaissable que présente l'emplacement de Carthage, consiste dans les citernes situées au Sud-Est de la colline de St-Louis, et celles qui servent de fondement au village arabe Maa-

(1) M. Gustave Flaubert a fort bien décrit, dans son charmant ouvrage, intitulé *Salammbô*, les murs d'enceinte de Carthage. (Ch. IV.)

laka. Les premières, non loin de la mer, forment de gigantesques couloirs, dont plus de dix-sept encore debout, avec leurs voûtes supérieures, munies d'ouvertures probablement destinées au puisement de l'eau ; plusieurs de ces contructions souterraines, ainsi que les puits qui les accompagnent, contiennent encore de l'eau bourbeuse. Quant aux nombreuses citernes voûtées du village de Maalaka, situé à peu de distance au nord de la colline de St-Louis, elles servent non-seulement de fondements à ce village, dont les maisons reposent sur les voûtes, mais encore de demeure aux habitants ; les murs des maisons, comme ceux qui entourent le village, renferment des dalles et de nombreux débris antiques.

Entre les citernes voisines de la côte et celle du village Maalaka se trouvent les murs d'un édifice assez considérable, dont l'enceinte intérieure n'est accessible que par une pente abrupte, hérissée de blocs ; cette enceinte est divisée en plusieurs compartiments ou chambres, et l'édifice passe pour représenter les bains de Didon.

Les vestiges que je viens de signaler constituent à peu près tout ce qu'on peut voir dans la vaste plaine désolée qui représente Carthage. On aura beau reconstruire mentalement tous les palais, bains, ports, nécropoles, etc., que les archéologues prétendent avoir reconnus, on ne fera qu'errer à l'aventure dans le domaine des hypothèses, sans arriver jamais à la certitude d'une découverte. Onze siècles ont passé sur les ruines de Carthage, et, pendant ces onze siècles, les débris de ses murs et de ses édifices, transportés souvent à des distances immenses, ont servi à construire d'autres villes et d'autres monuments.

Il est vrai, plus d'un savant, en étudiant la campagne de Carthage, a pu constater la véracité de certaines descriptions qui en avaient été faites par quelques auteurs anciens, notamment par Virgile. Ainsi, il y a déjà plus de quarante ans, sir Grenville Temple a été frappé de de l'exactitude des tableaux tracés par Virgile, il nous assure que, l'Énéide à la main, il a pu retrouver les localités qui y sont signalées, tel, entre autres, l'endroit où débarqua Enée et jusqu'à l'antre ayant servi à Didon et à Enée de temple d'amour. La concordance entre les descriptions du poète et les lieux auxquels elles se rapportent est si parfaite que, selon le voyageur anglais, Virgile a dû les avoir visités lui-même.

Quoi qu'il en puisse être de toutes ces identifications entre les descriptions des poètes et les lieux qui en sont l'objet, il ne s'agirait toujours que de réminiscences relatives aux conditions physiques de la contrée, mais nullement à des monuments historiques de l'ancienne Carthage ; en sorte qu'on peut dire, sans préjuger les découvertes futures, que, aujourd'hui, ce qu'il y a de plus remarquable en ces lieux, c'est l'absence de presque toute trace du passé.

La disparition complète de Carthage constitue un phénomène unique, que ne présente aucune des autres célèbres cités de l'antiquité, évanouies aujourd'hui, telles que Ninive, Jérusalem, Athènes et Rome, dont on admire les splendides monuments, bien que toutes ces villes aient été détruites plusieurs fois, surtout Jérusalem et Rome, ces deux immortels phénix de l'histoire.

En effet, selon Joseph Flavius (1), Jérusalem avait été saccagée six fois avant d'avoir été prise par Titus, après 2177 années d'existence. Témoin oculaire de la terrible catastrophe, dont Tacite (2), ennemi acharné des Juifs, parle également, mais sans jamais citer son éminent prédécesseur, Joseph Flavius, décrit en détail les splendeurs de cette immense cité. Il trace un tableau effrayant de ses souffrances et des massacres commis par les Romains. Titus n'épargna que quelques tours et la muraille de la partie occidentale de la ville, «afin, dit Joseph Flavius, de faire voir à la postérité quelles formidables fortifications possédait la cité qui a dû succomber à la valeur romaine. » Tout le reste fut rasé, « de manière que ceux qui visiteraient ces lieux ne puissent supposer qu'ils aient jamais été habités. »

Quant à Rome, les épreuves terribles qu'a traversées la *ville éternelle* n'ont pas été inférieures à celles imposées à la *ville sacrée*. Rome fut envahie et saccagée à neuf reprises : huit fois par les barbares du nord et une fois par un prince chrétien. Les plus anciens de ces conquérants furent les Gaulois, qui, conduits par Brennus

(1) *Hist. bel. Hébr.* L. VI, 10.
(2) *Hist.* L. V. 11-13.

(311 ans avant J.-C.), se rendirent maîtres de la ville, et la livrèrent aux flammes, ainsi que nous l'apprend Tite-Live (1). Quinze siècles plus tard, Rome était de nouveau mise à feu et à sang par le duc Charles de Bourbon, double parjure à son roi et à sa religion. Chose étrange! Il était réservé à un connétable de France de livrer Rome en plein seizième siècle aux horreurs du pillage et du massacre, plus atroces que tous ceux qui y avaient été commis par les barbares du Nord. Mais ce n'est pas tout; en se retirant de Rome, les conquérants étrangers ne firent que céder la place aux ennemis intérieurs, car pendant le moyen âge les luttes intestines ne cessèrent de s'attaquer à ce qui avait échappé aux barbares de toute nationalité: *Quod non fecerunt barbari, fecére Barberini.*

Maintenant, lorsque l'on considère que, si des agents de destruction aussi remarquables par leur intensité que par leur fréquence et leur durée, ne sont pas parvenus à faire disparaître complètement les monuments de Ninive, d'Athènes et même de Jérusalem, on doit nécessairement admettre que de tels agents capables d'effacer Carthage presque jusqu'aux dernières traces, ont dû avoir un caractère exceptionnel sans précédent dans les annales du passé.

Or, c'est en effet ce qui a eu lieu, car les descriptions que nous ont laissées Appien et Procope, le pre-

---

(1) *Omnia flammis ac ruinis æquata* (Hist. rom., L; V. 33).

mier de la prise de Carthage par Scipion, et le dernier de sa conquête par les Vandales, suffisent presque à elles seules pour expliquer l'anéantissement complet de la cité.

Rien ne donne mieux une idée de la hauteur vertigineuse d'où Carthage est tombée dans le néant, que le tableau de la ville tracé par Appien, dont il suffira de détacher un seul trait, celui qui se rapporte à ses murailles, pour qu'on puisse se figurer le reste. Ainsi, cet historien nous apprend que parmi les murailles qui entouraient Carthage, celle qui traversait l'isthme était triple; les interstices entre ces parois constituaient autant de couloirs vides couverts, divisés en deux étages, dont l'inférieur pouvait loger deux cents éléphants, ainsi que les dépôts pour leur nourriture, tandis que l'étage supérieur contenait des écuries pour quatre mille chevaux, avec grenier pour le fourrage.

De plus, dans l'intérieur de ces murailles, il y avait des casernes pour vingt mille fantassins et deux mille cavaliers. Enfin, au milieu du port s'élevait une île munie d'arsenaux pour deux cent cinquante vaisseaux, avec des magasins pour munitions de tout genre (1).

On conçoit qu'une ville possédant de telles ressources fût capable d'opposer une résistance opiniâtre à toutes les forces de Rome: mais ce qu'on a peine à comprendre,

____

(1) Appien *Hist. Rom.*, l. VIII, 95.

c'est que cette résistance ait pu continuer lorsque, après avoir obtenu par un traité l'extradition de l'élite de la jeunesse carthaginoise, de tous les éléphants et de presque la totalité de la flotte, les Romains se ruèrent perfidement sur la république désarmée et incapable de se défendre. Or, c'est dans ces conditions désespérées que les Carthaginois luttèrent encore trois années, pendant lesquelles ils fabriquaient chaque jour *cent* grands boucliers, *trois cents* sabres, *mille* projectiles et *cinq cents* lances et javelots; à défaut de cordes et de nerfs pour armer les arcs, on employa la chevelure des femmes. Enfin, de nouveaux vaisseaux furent créés par enchantement, et lorsque, pour les empêcher de sortir du port, les Romains en eurent complètement fermé l'entrée, les Carthaginois creusèrent une autre issue et assaillirent avec une telle énergie la nombreuse flotte romaine, qu'ils la firent reculer d'épouvante. Voilà un siège qui défie toute comparaison avec les exploits militaires modernes les plus célèbres! Mais aussi aucune de nos armées n'a jamais marqué sa victoire par des ruines comme celles qu'accumula Scipion.

Appien fait un récit navrant du spectacle que présentait Carthage au moment où l'armée romaine y entra. La masse des décombres et des corps humains était telle que pour frayer un passage à l'armée, on dut déblayer ces énormes monceaux à travers lesquels on voyait percer une foule de têtes et de membres encore palpitants et s'agitant dans l'angoisse de la mort, que la cavalerie broyait sous ses pieds; et lorsque toute la ville n'était plus qu'une immense arène de sang et de ruines, et qu'Asdrubal, commandant de l'armée carthaginoise, se fut rendu aux Romains, on vit apparaître dans le camp de Scipion la femme du malheureux capitaine, suivie de ses enfants, tous revêtus de leurs habits de fête; cette héroïne, après avoir accablé son mari d'imprécations, se précipita dans les flammes avec ses enfants (1).

Le même historien nous apprend qu'en présence de toutes ces horribles scènes, Scipion versa des larmes et récita ces vers d'Homère (2) : « Un jour viendra où l'on « verra s'écrouler la sainte Illion, de même que Priam « et le peuple du roi belliqueux. » Il ajoute que lorsque Polybe, qui accompagnait Scipion, lui demanda la cause de cette réminiscence poétique, celui-ci répondit que les flammes qui dévoraient Carthage lui faisaient faire un triste retour sur Rome.

Les paroles du conquérant romain furent singulièrement prophétiques, car environ six siècles après la destruction de la célèbre cité phénicienne, ce fut un roi de Carthage, le vandale Genséric, qui prit et pilla Rome pendant quatorze jours, en remportant à Carthage les trésors qu'elle avait si abondamment fournis à la cité des Césars ; seulement, le sac de Rome par les Vandales ne fit point

(1) Appien, liv. VIII, 131.
(2) *Iliad.*, VI, 448-49.

disparaître les beaux et nombreux monuments qui y existent encore ; tandis que, sous le bras de fer des Romains, Carthage tout entière fut réduite en poussière. *Omni murali lapide in pulverem comminuto* (1).

Cependant l'emplacement de Carthage a dû avoir été marqué au seizième siècle par bien des édifices encore, car les chroniqueurs nous apprennent que lorsque en 1535 Charles-Quint se fut emparé de la Goulette, l'amiral Doria fit charger des bâtiments entiers des monuments les plus précieux et les envoya en Italie, tandis que bien d'autres débris considérables furent employés à la construction des fortifications entreprises par l'ordre de l'empereur. Ce fut pour satisfaire à de pareils travaux que Marmail, qui accompagnait ce souverain, vit disparaître pièce par pièce de superbes édifices en marbre. Les Génois ne cessaient d'embarquer tout ce qu'ils pouvaient enlever, et les Pisans prétendent que leur cathédrale a été construite avec des marbres de Carthage.

Telles sont les causes qui ont réduit les restes de Carthage aux traces à peine perceptibles aujourd'hui, et il est à craindre qu'après avoir subi l'action d'agents destructeurs plus formidables et plus persévérants que tous ceux qui ont jamais affecté une ville quelconque de l'antiquité, le sol carthaginois, sur lequel la malédiction du ciel semble planer, ne puisse plus fournir de découvertes importantes à de nouvelles fouilles et à de nouvelles études.

(1) Orose, *Historia adversus paganos*, liv. IV. 23.

CHAPITRE NEUVIÈME

RELIGION ET KORAN. — MŒURS RELIGIEUSES. — SECTES DIVERSES.

Le Musulman de Tunis est, en général, fidèle secta-
teur de l'Islam. Il observe les cinq choses qui constituent pour lui le culte : la prière, le jeûne, l'aumône,
le pélerinage à la Mecque et la profession de foi.

Le Koran qui renferme à la fois des préceptes religieux,
moraux, civils et politiques, consacre l'idée de la divinité dans toutes les actions et dans toutes les circonstances de la vie. Ce retour vers Dieu n'est pas toujours
formaliste : dans les circonstances solennelles il a quelque
chose de profond, de pénétré et de touchant. Jamais un
musulman n'entreprend un voyage, une course, une
chasse, sans prononcer ces mots : « Bessem Allah » au
nom de Dieu : jamais il ne commence un livre, un écrit,
une chronique, ou un contrat sans le mettre sous l'invocation de Dieu. Il offre l'hospitalité au nom d'Allah, et
jamais il ne procède à un acte quelconque sans que ce
soit au nom de Dieu. Jamais aussi, lorsqu'il parle de

projets et d'avenir, ou même lorsqu'il prononce une simple phrase se rapportant au lendemain ou aux jours qui doivent suivre, il n'oublie de dire : « En chà Allah » s'il plaît à Dieu, conformément à cette prescription du Koran : « Ne dis jamais : Je ferai telle chose demain, sans ajouter : Si c'est la volonté de Dieu (1). »

Le Musulman porte si loin le respect pour le nom de l'Éternel que, lors même qu'il ne sait pas lire, s'il trouve sur son chemin un papier quelconque sur lequel sont tracés des caractères, il le relève dans la crainte que le mot « Allah » n'y soit inscrit ; et il le place aussitôt soit sur un arbre, soit dans les interstices des pierres, des murs ou des maisons, le nom de l'Éternel ne devant jamais être foulé aux pieds.

Tout ce qui est écriture commence par une doxologie telle que celles-ci :

Louanges à Dieu.

Toutes les affaires reviennent à Dieu.

Au nom de Dieu clément et miséricordieux.

Les auteurs musulmans ouvrent et finissent leurs ouvrages par des doxologies, quelquefois très-belles. En voici un exemple, c'est la préface du livre d'un savant tunisien, fort distingué, qui vivait au milieu du XVIIIe siècle :

_____

(1) Sourate. _La Caverne_, v. 23.

« Le pauvre vis-à-vis de son Dieu bienfaisant et géné-
« reux, Mohammed-ben-Husseina-Beïrem (que Dieu lui
« soit propice, lui permette de reconnaître lui-même ses
« propres défauts, et le guide dans le droit sentier !) s'ex-
« prime ainsi : Qu'il soit glorifié Celui qui a fait surgir
« les sources de la sagesse de l'intelligence de l'homme,
« et qui a fait découler du fleuve de sa science les divers
« cours d'eau des beaux-arts ! Nous le louons ; que sa
« gloire et son omnipotence soient toujours exaltées ,
« parce qu'il a daigné nous accorder la faculté de com-
« prendre le langage des hommes versés dans la science,
« et qu'il nous a lui-même permis de nous initier au
« but que ces docteurs se proposaient, etc. »

Le théologien Abd-el-Ouahed-Achir-el-Andloussi termine ainsi un livre intitulé : Établissement de la Religion. La traduction est littérale.

« De la part du pauvre envers son Dieu et son Auteur,
« et espérant en la miséricorde de son Maître, le misérable
« d'esprit divin, le coupable de ses fautes, l'aveugle de
« la lumière divine, Abd-el-Ouahed-ben-Achir-el-And-
« loussi, que Dieu le place parmi les cœurs qui l'ont
« suivi fidèlement, et auxquels Il accorda la grâce de
« pouvoir comprendre la vérité, et de l'adorer avec joie
« et avec crainte ! Ainsi soit-il ! »

Bien des Ariens et des Sociniens, dont la religion a
tant d'analogie avec l'Islam, ne parleraient peut-être pas
avec autant de liberté des miséricordes du Seigneur, ou

ne déploreraient pas leurs fautes et leurs péchés avec autant d'humilité.

Lorsqu'un musulman est dans le chagrin, il s'écrie : « Louange à toi, ô Dieu ! malgré mes peines, je suis bien « heureux d'être résigné à ta volonté (1). » Lorsqu'il est en colère : « Que Satan se retire de moi ! »; et quand il est dans l'admiration, comme il rapporte toujours tout à Dieu : « O Dieu ! combien tu es digne de louange ! »

Toutes les fois qu'un grand malheur lui arrive, il dit avec calme et résignation : « Nous sommes à Dieu, et « nous retournons à Dieu, » paroles que le Koran met dans la bouche de tous ceux qu'un grand malheur atteint (2).

De même qu'il n'y a pas de bonheur possible sur cette terre sans une consécration sincère et entière à Dieu, de même aussi ce constant retour vers la divinité témoigne de la parfaite soumission et confiance du musulman aux souverains décrets de la Providence.

Veut-il remercier quelqu'un, il lui dit : « Que Dieu augmente ton bien; » ou s'il veut saluer quelqu'un qui vient de boire, il n'oublie pas de dire : « Que Dieu te donne la santé. » Et aussitôt on lui répond sous forme de remerciement : « Dieu te sauve ! »

---

(1) Je me rappelle, étant étudiant à Aix, avoir vu à la Chambre des appels correctionnels un musulman des environs de Bougie, lever les mains au ciel et invoquer avec résignation le nom de Dieu, en apprenant par son interprète que la Cour le condamnait à l'emprisonnement.

(2) Sourate, *La Vache*, v. 151.

La caisse de secours pour les pauvres se nomme « Réserve de Dieu. »

Il arrive parfois que, lorsque deux personnes se rencontrent, le dialogue suivant s'établit entre elles :

La première : Que le salut soit avec vous !

La seconde : Que le salut, la miséricorde et les bénédictions de Dieu vous soient accordés.

La première : Que votre jour soit heureux !

La seconde : Que votre jour soit béni !

La première : Que Dieu vous chérisse !

La seconde : Que Dieu vous accorde sa gloire !

La première : Que Dieu vous donne sa paix !

La seconde : Que Dieu fasse reposer sa grâce sur vous !

Le Koran reconnaît la chute de l'homme, la haine implacable de Satan contre le genre humain ; l'existence des anges et des démons ; le péché d'Adam ; les histoires d'Abel, de Noé, d'Abraham l'hospitalier, le musulman par excellence, de Jacob, de Josué, de Joseph, de Job, de Moïse, et l'alliance du Sinaï; l'histoire de David, qu'il appelle le « lieutenant de Dieu sur la terre, » et de Salomon, auquel, dit-il, les génies étaient assujettis.

Au sujet de Zacharie, auquel les anges annoncent la naissance de Jean, le Koran dit que ce dernier confirmera la vérité du Verbe de Dieu ; qu'il sera grand, chaste, et un prophète du nombre des justes (1). Il reconnaît la virginité de Marie, mère de Jésus, qu'il nomme fille

---

(1) Sourate, *La Famille d'Imram*, v. 34.

d'Imram, « élue entre toutes les femmes de l'Univers ! »
Il raconte la naissance miraculeuse de Jésus, qu'il appelle
le Verbe éternel et un esprit venant de Dieu (1) ; il reconnaît son pouvoir de faire des miracles et la mission
divine. Il dit expressément : « Ceux-là seuls feront partie
de la famille du Livre qui croiront en lui avant leur
mort.... » Et il ajoute : « Le Messie Jésus, fils de Marie,
« est l'envoyé de Dieu (2). »

L'antechrist, selon les Musulmans, doit apparaître en
Syrie et être détruit par Jésus lui-même.

Le Koran se donne comme une « confirmation de ce
qui était avant lui, et une explication des Écritures qui
viennent du Maître de l'Univers (3). » Il cite comme di-
vins le Pentateuque, les Psaumes et l'Évangile. Les autres livres envoyés aux prophètes de l'ancienne alliance
ont été, selon le Koran, perdus ou altérés. « L'Évangile, dit-il, contient la lumière et la direction.... Les
gens de l'Évangile jugeront selon l'Évangile. Ceux qui
ne jureront pas d'après un livre de Dieu sont infidèles (4). »
L'Évangile est appelé « le livre qui éclaire (5). »

Avant Mahomet les peuples de l'Arabie étaient livrés
aux plus grossières superstitions et aux idolâtries les plus
immondes. Ils tuaient leurs enfants dans les temps de

(1) Sourate, *Les Femmes*, v. 169.
(2) Sourate, v. 157 et 169.
(3) Sourate, *Jonas*, v. 38.
(4) Sourate, *La Table*, v. 50 et 51.
(5) Sourate, *La Famille d'Imram*, v. 181.

disette, enterraient vivantes leurs filles nouvellement nées, parce qu'ils regardaient leur naissance comme un malheur, et ils vivaient dans un horrible état de débauche.

On sait que le Koran contient aussi toutes sortes de préceptes, de directions et d'exhortations qui se rapportent aux choses habituelles et journalières de la vie ; il est également un code et un recueil de lois. Il est rempli de promesses et de menaces relatives à la vie future, de récits, de traditions arabes ; parfois il dit quelques mots des premiers siècles du christianisme.

Le Musulman reçoit le Koran comme la parole de Dieu révélée à Mahomet, et transmise par sa bouche au peuple arabe. En citant un passage du Koran il ne dit jamais : « Mahomet l'a dit », mais : « Dieu le Très-Haut l'a dit. »

Le mot Koran veut dire lecture, livre, le livre par excellence, le livre de Dieu. « La religion venant de Dieu est l'Islam », dit le Koran. On est frappé de voir combien est grand le respect des Musulmans pour ce livre et tout ce qu'il renferme. Un marchand ou un ouvrier maure ne voudra pas, par exemple, graver en lettres d'or, sur velours, un passage du Koran, si avec ce velours vous voulez faire un objet de pure curiosité ou de fantaisie, une parure, un porte cigare, un étui.

Le Koran défend l'usage des boissons fermentées, des animaux morts, de la chair de porc, du sang qui a coulé et de tout ce qui a été tué sous l'invocation d'un autre nom que celui d'Allah.

Les fidèles de l'Islam se divisent en deux grandes sectes : Les Sunnites ou Musulmans orthodoxes, et les Chiites.

Les Sunnites admettent, outre le Koran, l'autorité d'une tradition ou Sunna, contenant, avec des explications sur la vie et la conduite du Prophète, quelques milliers de sentences de Mahomet, recueillies comme préceptes de sagesse par ses premiers disciples.

Les Chiites, ou sectateurs d'Aly, s'en tiennent au Koran, ne reconnaissant point comme successeurs du Prophète les califes électifs, et repoussent les traditions.

Les Sunnites dominent dans l'empire ottoman, l'Égypte, le Mogreb, etc. Les Persans sont Chiites.

Parmi les Sunnites on distingue quatre sectes principales. Il y a les Malékis, du rite de l'iman Malek ; les Anéfis, de celui de l'iman Ebou-el-Naaman ; les Chafaïs, de celui de l'iman Chafaà ; et les Hambilis, de celui de l'iman Ahmed-ben-Hambil. Il n'y a guère de différence entre eux que dans les points de forme, tels que la position dans la prière, les ablutions, les traditions, etc. Les Hambilis sont les plus rigoristes ; ainsi ils doivent recommencer leurs ablutions et leurs prières, si une femme ou un chien seulement vient à passer, cette vue, selon le rite hambili, ayant troublé le culte. Les Chafaïs et les Anéfis ne sont pas soumis aux mêmes scrupules quant à ces points du culte, et les Malékis le sont encore moins. Ces quatre sectes se nomment Medzaed.

Le Mogreb renferme des Anéfis et des Malékis : ces

derniers sont en majorité à Tunis, Tripoli, Alger, l'Égypte, le Maroc ; les Anéfis dominent en Turquie et jusqu'en Perse. Les Hambilis se rencontrent à la Mecque et dans une partie de l'Asie.

A Djerbi et dans quelques-unes des montagnes de la Régence on trouve une cinquième secte, regardée comme schismatique, ce sont les Kamsis

Ces diverses sectes de la grande famille de Mahomet observent religieusement les prescriptions du Koran, qui ne doit être traduit ni en kabyle, ni en turc, ni en persan, et encore moins en d'autres langues ; car tout ce qui a rapport au culte dans les pays où règne l'Islamisme doit se traiter en arabe.

Les nombreux *tefsir* ou explications et commentaires du Koran forment une branche importante de la littérature musulmane.

CHAPITRE DIXIÈME

RACES.

Lorsque César entreprit la conquête des Gaules, leur territoire était partagé entre des nations dont l'état politique ressemblait, à beaucoup d'égards, à celui de la population musulmane du nord de l'Afrique. Le langage, les mœurs, la religion établissaient entre elles une certaine communauté ; mais aucun lien durable ne les unissait fortement : chacune avait ses alliances et ses inimitiés, ses affections et ses jalousies (1). Tel est l'état éthnologique de la Régence de Tunis et de tous les peuples fixés sur le littoral de la méditerranée depuis l'empire du Maroc jusqu'au centre de l'Asie.

On trouve à Tunis l'un des plus beaux types des populations maures. Formée d'anciens émigrants d'Espagne et de familles isolément détachées des tribus, cette classe possède les grandes qualités de ses ancêtres, la sagacité, l'orgueil chevaleresque et la constance. Les Mau-

---

(1) *De bello Gallico*. liv. VI, ch. II.

res sont les fils de ceux qui couvrirent l'Espagne de monuments qu'elle n'est plus en état d'entretenir, qui allumèrent le flambeaux des sciences sur l'Europe barbare, qui nous révélèrent avant Constantinople et Rome, les écrits des Grecs et des Latins, et nous donnèrent les premières notions de chimie, de médecine et d'astronomie.

Au treizième siècle, en effet, après la bataille de Tolosa, dont l'issue préserva peut-être l'Europe du joug musulman, les Maures émigrèrent en Afrique, ils retournèrent au pays qui les avait enfantés et se rapprochèrent du tombeau du Prophète. Laissant sur le sol occidental des traces glorieuses de leur exquise civilisation, ils se réfugièrent sur tout le littoral africain, et Tunis devint l'asile et le tombeau des illustres Abencérages.

Les Maures étaient, à cette époque, le peuple le plus civilisé et le plus habile dans les sciences et les arts. Pendant que la vieille Europe avait peine à secouer les ténèbres de l'ignorance, le Koran inspirait aux Maures d'Afrique des idées saines et élevées qui devaient être les premières lueurs dans la nuit du moyen-âge. Race essentiellement sociale et citadine, ils vinrent en partie se fixer à Tunis, où ils apportèrent leur art si gracieux, leur industrie si remarquable et leurs richesses si considérables.

L'arrivée des Maures fut pour Tunis une source de prospérités. Le roi de Tunis ou roi des Sarrasins conclut avec les divers peuples qui habitaient le littoral méditerranéen des traités de commerce dont les clauses développaient les exportations et les importations et favorisaient le départ de nombreuses caravanes sur Tombouctou et la Guinée. J'ai reproduit précédemment les originaux de ces traités avec la traduction en regard.

La conséquence naturelle de la civilisation mauresque fut un esprit de tolérance dont bénéficièrent les chrétiens et les ordres religieux. Dès le treizième siècle, le roi de Tunis leur accordait la permission de circuler dans son empire, d'y commercer et d'y construire des cimetières pour leurs morts.

Quand on examine avec attention les Maures de Tunis on remarque la pureté, la douceur et la beauté de leurs traits. Ils sont graves, paisibles, pleins du sentiment de leur dignité; ils sont fiers et orgueilleux, souvent hautains et superbes, quoique toujours polis et pleins de courtoisie.

Les Maures, dit M. Léon Michel, ont une nature poétique. Ils aiment le merveilleux, la musique, les parfums. Les longs récits les charment ; les contes, les légendes, les histoires de guerre ou d'amour les amusent et les persuadent. Ils croient surtout à l'impossible. Ils ne pensent pas déroger, lors même qu'ils appartiennent à la noblesse, en se livrant au commerce et en tenant boutique. Dans ces boutiques, ils vendent des tissus, des soieries, des draps de couleur, des étoffes, des armes à feu incrustées, des tables en nacre et en écaille, des objets en filigrane d'or ou d'argent, etc.

Les Maures dont les ancêtres vinrent d'Espagne, forment encore une espèce de caste à part, qu'on reconnaît aisément à son type andalous. Ils ne frayent guère avec les autres Maures. Ils se marient entre eux et ne désespèrent pas de rentrer un jour dans la demeure de leurs ancêtres, à Grenade ou à Cordoue. La plupart conservent soigneusement encore les clés de leurs maisons en Espagne, dans laquelle ils espèrent rentrer un jour.

Les anciens n'ont pas fait de portraits flatteurs des Kabyles. (1) Ils vivent dans des huttes étroites où l'on respire à peine, étouffantes l'été, glaciales l'hiver, et dépourvues des choses les plus nécessaires à la vie : ils couchent sur la terre nue, et c'est chez eux, un luxe de reposer sous une couverture. Ils portent par dessus une espèce de chemise grosse et déchirée, un burnous grossier, et, soit coutume, soit indigence, ils n'ont qu'un vêtement pour toutes les saisons. Le pain, le vin et les autres biens usuels leur sont inconnus ; ils broient du blé, de l'orge, les font à peine cuire, et s'en repaissent à peu près comme les animaux domestiques. Telle était la vie des Kabyles du temps de Bélisaire. (2) Nos Kabyles modernes ont gardé quelque chose de la rudesse de mœurs de leurs

(1) Kabyles ou Djébélias, montagnards de Djébel, montagne.

(2) Maurusii, duris assueti, in parvis tuguriis, ubi vix respirare licet degunt, hyemisque ac æstatis temporibus. neque nivibus, neque solibus, neque alio quocumque malo necessario carentes. Dormiunt nuda humo ; si qui beatiores inter eos, aliquid substernunt. Vestes insuper secundum tempora variare ex lege prohiben-

ancêtres. Forcés par l'invasion des Arabes nomades et des Maures à reculer dans les montagnes, ils sont devenus villageois et paysans ; ils aiment le sol et s'y attachent. Les Kabyles de Tunisie, sont très industrieux ; ils s'entendent à merveille à cultiver les jardins, aménager les eaux, planter les arbres, greffer, semer et récolter. Très-laborieux, très-patients et d'une grande intelligence, ils établissent dans leurs montagnes des moulins à huile, des fabriques de savon, des poteries, des tuileries, des fours à chaux ; ils fabriquent des armes, des instruments d'agriculture et des vêtements. Ils viennent à Tunis vendre leurs récoltes ou les produits de leurs usines ; les Kabyles pauvres s'y font manœuvres, charpentiers et maçons, afin de s'amasser un pécule, grâce auquel ils retourneront dans leurs montagnes où ils bâtiront une maison et vivront du produit d'un champ.

Les Kabyles diffèrent en tout des Arabes. Les uns vivent sous des toits, les autres sous la tente ; le Kabyle combat préférablement à pied, l'Arabe à cheval ; leurs langues n'ont aucune analogie.

Les Arabes achevèrent, au VIIe siècle, la destruction

---

tur ; sed laceram vestem atque crassam, tunicamque asperam, in omne tempus induunt. Pane, vinoque, et aliis bonis omnibus usui necessario carent, sed triticum, sive selaginem, sive hordeum minime aut coquentes, aut in farinam terentes, more belluarum passim depascuntur. (Proc.. de *Bello Vendalico* liv. II).

de l'établissement romain, si bien commencée par les Vandales, et renversèrent la domination de ceux-ci. La supériorité de leur cavalerie les rendit maîtres des plaines; les régions montueuses, où l'attaque était moins facile et la défense plus efficace, restèrent aux anciens habitants Les limites de l'établissement arabe se sont ainsi découpées sur le relief irrégulier du territoire; il s'est étendu et fractionné à peu près comme un fluide qui n'aurait atteint qu'un certain niveau.

Les Arabes proprement dits, sans être noirs ni jaunes, sont loin d'avoir le teint blanc des Maures. Ils sont bistrés, basanés, brûlés, mais de race blanche; ils ont le visage ovale, le front fuyant, les yeux noirs et plein de vivacité, le nez busqué, les lèvres minces, la barbe rare et noire.

On n'en voit pas beaucoup à Tunis, tandis que les campagnes de l'Algérie en sont entièrement peuplées. L'arabe nomade a toujours la tête couverte et le cou protégé du haïck. Un simple burnous drape son corps.

L'hospitalité arabe a passé en proverbe et avec raison, car il est de nombreuses contrées où elle s'exerce de la manière la plus touchante et la plus désintéressée.

Un hôte est sacré; et, en cette qualité, un arabe est en sécurité même chez son ennemi le plus acharné. On dit souvent de deux adversaires qui se réconcilient qu'ils ont mangé ensemble le pain et le sel. Chacun connaît le trait de ce chef qui venait de perdre un fils unique qu'il chérissait et qui, voyant arriver des étrangers chez lui, fit faire sa profonde douleur pendant un jour entier pour recevoir plus dignement ses hôtes, auxquels il tint cons-tamment compagnie en leur laissant ignorer son cha-grin jusqu'au moment de leur départ, qui était fixé pour l'ensevelissement de l'être bien-aimé qu'il avait perdu.

On retrouve enfin dans la Régence de Tunis un qua-trième type, plus beau peut-être que le type mauresque, c'est le type juif (1). Coiffés de la chechia rouge, qui leur était autrefois interdite, sous le turban noir, les Israé-lites ont le regard vif, l'esprit éveillé et la langue sans cesse en exercice. Depuis que des lois libérales les ont placés sur le même rang que les Islamites, leur activité fébrile donne aux rues de Tunis un mouvement conti-nuel qui étonne en pays musulman. Ils nourrissent secrè-tement le désir de retourner à Jérusalem pour couronner l'œuvre de leur fortune, de même que les Maures espè-rent rentrer plus tard dans leurs maisons de Cordoue et

---

(1) La beauté des femmes chez les Israélites consiste à être très-grasses. Or il est d'usage, lorsqu'une jeune fille juive est promise et sur le point de se marier, de l'engraisser pendant les quarante jours qui précèdent le mariage. On ne la laisse pas sortir, on la tient dans une chambre obscure et fraîche, on lui donne beaucoup à boire, on la fait dormir le plus possible; mais à minuit, sa mère la fait lever pour lui faire manger une certaine quantité de couscoussou; on lui donne aussi des boulettes faites avec des graines de plan-tes oléagineuses, à peu près comme on fait pour les oies en Europe. Si son fiancé la trouve maigre au bout de quarante jours, les parents continuent le même régime pendant quinze autres jours, au risque de la faire périr. L'embonpoint acquis de cette manière ne s'en va plus.

de Grenade. Chaque année un certain nombre de ces fervents nostalgiques quittent la Tunisie à pied, par Tripoli, l'Egypte et les déserts. Peu leur importe la longueur du voyage et les fatigues qu'il cause, pourvu qu'ils revoient le berceau de leur race. Mais comme Moïse beaucoup meurent avant d'entrer dans la terre promise. Il en est qui, l'apercevant de loin, tendent les bras vers elle et succombent; les élus seuls parviennent dans la cité sainte et ne reviennent plus à Tunis. Les juifs riches vont à Jérusalem par mer. De ceux-là il en revient quelquefois.

Au moment de clore cette étude, alors qu'il n'est bruit que de difficultés nouvelles, je ne puis m'empêcher de faire des vœux pour que la Régence de Tunis, notre voisine d'outre-mer, qui est restée unie à la France par les liens d'une vieille amitié, qui l'a suivie dans la voie de la civilisation et du progrès, conserve son indépendance et son autonomie sous l'autorité patriarcale de ses beys.

FIN.

TABLE DES MATIÈRES

Pages.

Préface.   V

Chapitre Iᵉʳ. — Précis historique de la Régence de
    Tunis depuis ses origines jusqu'à nos jours . .   1

Chapitre II. — Tunis. — La Goulotte. — Le lac El-
    Baheira. — Les Souks. — La Kasbah. — La
    Dar-el-Bey. — Les constructions. — Les costu-
    mes. — Le climat.   43

Chapitre III. — Gouvernement de la Régence. —
    Constitution de 1857. — Serment de S. A. Sidi-
    Mohamed-en-Sadoc à l'occasion de son avène-
    ment au trône. — Lois judiciaires.   61

Chapitre IV. — Pacte fondamental ou Constitution
    du royaume de Tunis.   75

Chapitre V. — Loi organique ou Code politique et
    administratif du royaume tunisien.   87

Chapitre VI. — Impôts publics. — Armée. — Ma-
    rine.   113

Chapitre VII. — Le commerce à Tunis dans l'anti-
    quité et de nos jours. — Productions et indus-
    trie.   123

Pages.

CHAPITRE VIII. — Ruines de Carthage. — Sa destruction comparée aux destructions successives de Jérusalem et de Rome. — Tableau tracé par Appien de la prise de Carthage. 155

CHAPITRE IX. — Religion et Koran. — Mœurs religieuses. — Sectes diverses 169

CHAPITRE X. — Races 179

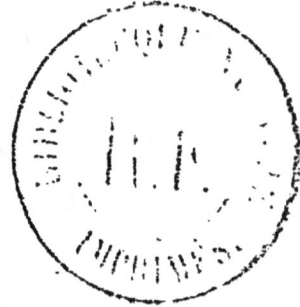